ヘアサロン経営プロジェクト

スタッフの夢をデザインする組織づくり

THEATER 代表取締役
三浦丈英

合同フォレスト

はじめに

本書を手に取ってくださってありがとうございます。

仲間4人と表参道に本店のあるTHEATER（以下、シアター）というヘアサロンの経営を始めて、2019年4月で2年半が過ぎました。

ヘアサロン勤務だった僕が独立したいと思い始めたのは、今から9年ほど前、25歳ごろのことです。

とはいえ、僕自身の30歳のときの年収は600万円。30代前半の平均年収が男性・461万円、女性・315万円といわれていますから、決して低かったわけではありません（＊「平成29年分 民間給与実態統計調査」より）。

そんな僕にとっては、待遇面での不満というよりも「自分の人生に自分が責任を持ち、切り開いていきたい」という思いのほうが切実でした。美容師を続ければ続けるほど、そして店での立場が上になればなるほど、雇われているままの現状では未来が見えない感覚にとらわれるようになっていったのです。

キャリアを積むと、当然、新しく入ってきた後輩たちを育てなければならない立場になりますが、後輩たちが日々成長していく姿を見るのは、僕にとってとてもうれしいことでした。

ところが、そうして手塩にかけて一生懸命育てた後輩たちが、次々と辞めていくのです。僕にとって、これほどつらいことはありませんでした。

ほとんどの人は美容師という職業に夢を思い描き、「絶対に美容師になるんだ！」という思いで安くない授業料を払って美容学校へ行き、美容師を目指してきたはずです。

「なりたくないけど、美容師になった」人は、まずいないでしょう。

自分の強い意志で美容師の道を目指したはずなのに、現実の厳しさの前に心が折れてしまい、夢を手放さざるを得なくなってしまう……その現実に、虚無感でいっぱいになりました。

そんな現実を見続けるうち、僕はあることに気付きました。

みんな先が見えないことが不安なのかもしれないということ、そしてもう少し先が見えるような、安心して働けるような会社組織がつくれないか、ということでした。

たとえば、長時間労働がつらいのであれば2交代制にするとか、新規のお客さまにどんどん来ていただけるようにして、そのお客さまに担当スタッフのファンになっていただき、スタッフにより多くの給料を払えるようにするとか、実力とやる気があればポストも収入も付いてくるようなシステムをつくることができれば、働く人にとって仕事がもっと楽しいものになるのではないかと思いました。

そんなビジョンに向かって運営するヘアサロンをつくって、美容師のあり方を変えたい、ということが僕の夢になりました。

もちろん、そのビジョンを叶《かな》えるためには、規模が大きいことが大切だと考え、1万人の雇用を創出できる組織を目指そうと考えました。

最初から大きく展開させるつもりで戦略を練れば、着実に店舗展開をすることができ、そのうち本当に1万人の雇用を実現できるようになるだろうと思えてきました。

その思いは日々強くなり、頭に浮かんだそのイメージがどんどん膨らんでいきます。

やがて同じように感じていた美容師仲間と、共同経営で自分たちが理想とするヘアサロンをつくろう！　と盛り上がるようになりました。

仕事が終わった後、毎晩のように4人で集まり、ビジョンを叶えるための話し合いをするようになりました。

そしてついに2016年9月、資金と知恵を持ち寄ってその夢を実現させることができたのです。

共同経営者としての役割分担は、経営全般を僕・三浦丈英、労務管理を佐々木達也、人材教育を大井雅貴、プロモーションを陳田繁としました。それぞれの得意分野でシアターを盛り立て、夢の実現に向けて走り出しました。

ヘアサロンはお客さま商売ですから、お客さまに来ていただかないことには始まりません。どのように新規集客するかを戦略の中核に置いたことによって、現状では、本店だけでも毎月平均７００人以上の新規のお客さまに足を運んでいただいています。

２０１７年2月に2店舗目、3月に3店舗目、10月に4店舗目、12月に5店舗目が開店。そこから少し空いて２０１８年8月に6店舗目、12月に7店舗目、２０１9年3月に8店舗目を出店しました。

それによって、２０１9年4月時点の総席数が１３０席になりました。

一緒に働く仲間は当初の９人から、２０１９年４月現在で１５０人を超えるまでになりました。

まだ道半ばの僕ですが、こんな思いを持っている美容師がいることを一人でも多くの美容師仲間に知ってほしいと思い、出版のお声掛けをいただいたときに首を縦に振った次第です。

この本が少しでも皆さまのお役に立つことを願っています。

最後まで読んでいただけるとうれしいです。

２０１９年４月

THEATER　代表取締役
三浦　丈英

● もくじ ●

Contents

第2章　会社は経営理念に始まり経営理念に終わる

第3章　集客こそがヘアサロン経営のカギ

Contents

第4章 人材教育が会社を大きく育てる

Contents

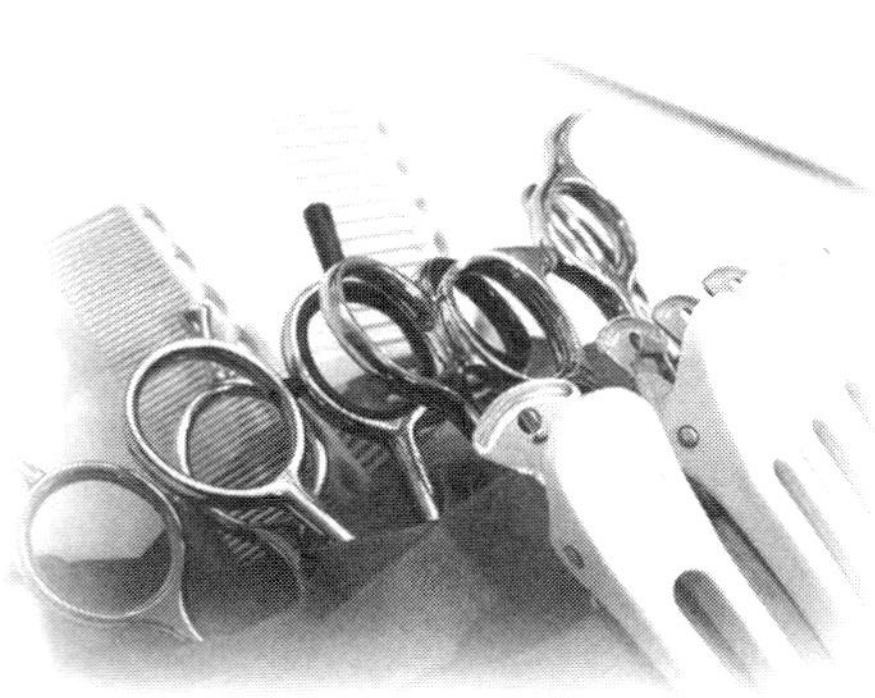

第1章

美容業界は大丈夫か？

Beauty

美容師を取り巻く環境は、必ずしもいいとはいえません。

皆さんも日頃仕事をしていて、「なんでこうなんだろう?」「こんなふうでなければいいのに」と思うことがあるのではないでしょうか。

第1章では「美容業界、ここがどうにかなればもっといいのに」と美容師なら誰もが抱くであろう疑問について、一つ一つ検証していきたいと思います。

美容師寿命は短い?

美容師の職業的な寿命は短いといわれています。

もちろん年齢なんてものともせず、いつまでも現役でバリバリと美容師を続けている先輩方もたくさんいます。

特に表参道のようなメガステーションに店を構えるヘアサロンには、流行に敏感な20～30代で、会社勤めや学生のお客さまが多く来店します。そのため、お客さまのニーズに応えられるセンスを持った、同世代の美容師が多く配置されます。

ところが、お客さまが年齢を重ねて、結婚、子育て、転職、退職などライフスタイルが変化することで、これまで通っていた店を離れていくケースがとても多いのです。

たとえば女性のお客さまの場合、結婚して住む場所が変わり通いづらくなったり、お子さんが生まれてヘアサロンに来る時間が捻出できなくなったりすることがあります。そうなると家の近くで新しいヘアサロンを見つけて通うようになり、自然に疎遠になっていってしまいます。

そんなふうにもともとのお客さまはだんだん減っていくのです。

お客さまだけでなく、美容師も年齢を重ねていきます。キャリアを積むと、後輩たちの育成に力を注ぐ時間が増え、自分の新規集客はどうしても後手に回ってしまいます。そのため、減ってしまったお客さまを増やすこともできなくなります。

肉体的にきつくなってくるというのもあります。美容師は肉体労働ですから、腰痛や腱鞘炎《けんしょう》などが出やすいため、体が持ちこたえられなくなってきてしまうのです。

また、美容師自身にもお客さまと同様に、ライフスタイルの変化があります。ハードな労働環境が多い美容業界で、結婚や子育てなどを両立できずに続けられないケースも多いのです。

そのため、多くの美容師の思い描く未来像としては、キャリアを重ねたら、独立して自分のヘアサロンを持つというのが現実的です。

でも自分1人でやる小規模なヘアサロンだと、病気やケガなど不測の事態が起こったときにどうなるのか？　というリスクがあります。

1人で営業を続けていくのがリスクだとなると、人を雇うしかありません。自分が動いてマンツーマンでお客さまの相手をしなくても、後輩を育て、きちんと収入が入ってくるような仕組みを作ることが大切になります。

しかしそれを実現できている人は、あまり多くはないのではないでしょうか。

なぜならそれを実現するには、より多くのお客さまに来ていただくこと、未来を見据えて雇ったスタッフの教育をしっかりすることが必要不可欠だからです。

逆に言えば、この2つがしっかりできていれば、自分の店を発展させて、いくつになっても仕事を続けていくことができるのではないでしょうか。

ヘアサロンは倒産率が高い

先日、あるデータを見つけました。

それによると、日本にあるヘアサロン約24万軒のうち、開店1年以内に倒産も含めた閉店が全体のおよそ60％あるというのです。さらに10年以内だと95％にも達する、と。

僕が以前持っていたデータでも、10年で1割しか残らない、というのがあったので、この数値は妥当なのだと思います。実際に、独立した知り合いのヘアサロンが1店減り2店減りというのを経験している身としては、さもありなんという感じです。

新たな出店も多いので、ヘアサロン全体の数は増えているのでしょうが、それにしてもすごい割合だと思いませんか？

そもそもヘアサロンは現金商売です。また、多少の在庫を抱える業種ではありますが、飲食店や物販などに比べると在庫を抱えるリスクはずっと低いので、それがつぶれる要因になることは考えにくいのです。

それでは、なぜこんなことが起こるのでしょうか。

まず考えられるのは、オーナースタイリストとして店に立つ忙しさから、労務管理体制が整わず、うまく教育もできないことにより、スタッフが定着しなくなっていくというケースです。

現に、8席、10席といったキャパシティーのある店でも、スタッフが1人、2人しかいない場合が結構あるようです。

ヘアサロン経営はここが難しい

ヘアサロン経営がうまくいかない原因を、さらに深く見ていきましょう。

お客さまのニーズに応えたサービスが提供できていない〈ビジネスマインドの欠如〉

まず1つ目は、マーケティングがあまりできていないという点です。

具体的にいうと、「自分がやりたいこと」と「経営者として自分がやらなければいけないこと」の間に大きな開きがあることに気付かないまま出店してしまっているのです。

たとえば、自分のデザインを提案して売っていきたいとします。ところが出店した場所の地域性や客層により、そのデザインなど求められない、となるとどうなるでしょうか。

提供しているものと求められているものが、マッチしていないということになります。これではリピートもしてもらえないでしょうし、新規のお客さまを呼び込むのも難しいでしょう。

これが起こる原因は、リサーチ不足にあるのでは？　と僕は思っています。

美容師は技術屋であると同時にクリエイターでもあります。技術屋もクリエイターも自分が手掛ける分野には専門的な知識を持ち、自分なりの経験に裏打ちされた自信を持っていますが、いかんせんビジネス全体を見渡す目を持っている人はそれほど多くないような気がします。

しかし、ヘアサロン経営はビジネスです。

「お客さまが求めるサービスを提供する」というのは、ビジネスの基本中の基本なので、そのことをよく理解しておきたいものです。

もしかしたら「自分の理想とする店づくり」「自分の技術やセンスが遺憾なく発揮できるサロン」にこだわりを持ち過ぎるあまり、肝心のお客さまのニーズが後回しになっているのかもしれません。

お金の計算に弱い

ヘアサロン経営が失敗に終わる原因の2つ目は、「美容師はお金の計算が苦手」という点です。

たとえば、独立前の人の話を聞いていると、今、自分の売り上げが月300万円あるので、「独立してからもそれくらいの売り上げは見込めるだろう」と思ってしまっていることが多いのです。

自分に自信を持つのは大事なことですが、独立して店を持つような、人生を賭けた大勝負に出るときは、「その自信がどこからきているのか」を誰にでもきちんと説明できるくらいにしておきたいものです。

要するに「根拠のある自信を持とう」ということです。特にお金の根拠をはっきりと説明できない場合は、もう少し独立の時期を先に延ばしたほうがいいのではないでしょうか。

お金の根拠とは、次のようなことです。

- この場所なら、こんなお客さまが来店して、こんなメニューやスタイルが求められる。
- このメニュー構成と価格設定なら、1人当たりの売り上げは〇〇円になる。
- 席数が〇席なので、平均稼働率が60％だとして1日の売り上げは「〇席×〇〇円×0・6」で〇〇万円になる。
- その結果として、月の売り上げが〇〇万円、経費が〇〇万円、差し引き〇〇万円が手元に残る。

このように、その場所ならどんなお客さまが来店されて、いくらのメニューを選び、1日いくらになって1カ月どれくらい売り上げることができるか、根拠のある一つ一つの要素を積み上げてリアルに予測していくことが大事なのです。

逆にいえば、このような根拠の説明ができないもの、自分の感覚だけに頼ったものをメインに据えてしまうと、失敗に終わる可能性がグンと高くなります。

普段から売り上げ以外の数字に触れてこなかったせいか、美容師には数字に弱い人が本当に多い気がします。たとえば、独立するための準備を進めているという人に「家賃比率は何％くらいで考えているの？」と聞いても、答えられないことが多いのです。

お金の勉強をする機会が、もっと持てるようになるといいですね。

若い人を育てよう、という意識が薄い

おそらく会社全体とさらには業界全体のことを考えている企業なら、若い人を育てること、つまり教育というものを重視しているはずです。

自分たちは世の中の役に立つものを提供している、自分の会社がなくなったら世の中全体が困るだろう、と誇りと自信を持っている企業ほど、若い人たちも自分たちと同じスピリットを持ち、同じように社会的使命を感じて仕事をしてほしいと願い、一人前の職業人としてやっていけるよう、しっかりと教育します。

きっと彼らは分かっているのです。自分の会社が長い命を持つ生命体だということを。自分が去った後も、会社は次の世代の人が経営を担って、生き続けていくことを。

子育てと似たようなものなのではないでしょうか。

親はいつまでも元気なわけではないので、ずっと子どものままでいられては困ります。自分たちがいなくなってもこの子がしっかり生きていけるように、そして世の中の役に立つ人間になるようにと願いを込めて家庭でも教育し、学校教育を受けさせるでしょう。

それは、次の世代を担う人たち一人一人のためでもあり、社会のためでもあります。ひいては、自分自身のためにもなるでしょう。今、現役世代として働いている人がいるから、世の中は成り立っているわけですから。

教育は育てられる人個人のためのものでもあり、社会全体のものでもあり、育てる人のためのものでもあるということです。

僕には美容業界には、そういう意識が薄いように感じられて仕方ないのです。若いヤツは上の人間の手足となっていればいい、自分も若いとき、上の人たちからしごかれた、だから若いときは苦労して当然だ……こういう状態に置かれるのは駆け出しのぺーぺーで、ある程度仕事を覚えるまでの期間ならば、どんな業種でも同じかもしれませんが、美容業界の場合、特に多いような気がします。

今、美容学校の卒業生の数が減り続けています。これが続くと、美容業界は危機的状況に立たされてしまいます。

若い人をしっかり教育して、独り立ちできるまでに育てていくことが、美容業界の未来を明るくする一つの方法なのかな、と僕は思います。

美容業界をもっと良くしたい！

言いたいことを言ってしまいましたが、これが僕の正直な気持ちです。

僕たち美容師は強い憧れを持って美容業界に入ってきました。そこには未来につながる夢の世界が広がっているはずだったのに、キツイ仕事で、途中で息切れしがちです。

「独立するしかない！」と思って独立したら、最初は良かったけれど、どんどんお客さまが減って、あっという間に立ち行かなくなる……。

そうではなくて、美容師全員が職業人生の終わりまで美容師として誇りを持って、プライベートライフも充実して、幸せな生活を送れるようになったらいいと思いませんか。

まずはそのために、自分たちのやれる範囲のことをやりたいと思って、共同経営者である僕たちはシアターを立ち上げ、まだスタート地点ですが仲間であるスタッフと共にシアターを成長させてきました。

みんなが幸せになれる仕組み作りをしたかったのです。

具体的には、交代制労働にして労働時間を短くする、給与水準を上げる、アシスタント制度を廃止して、なるべく早くスタイリストになれるようにする、1万人の雇用を実現する、といったことを目標にしています。

まだまだ歩みは小さいですが、おかげさまで少しずつ目標に向かって進んでいます。

業界全体が良くなって、誰からも美容師の仕事を「ブラックだ」なんて言われなくなる日が早くきてほしい……それが僕の夢、僕の願いです。

次の章から、その夢を実現するためにしてきたことや、今現在していることについて、お話ししたいと思います。

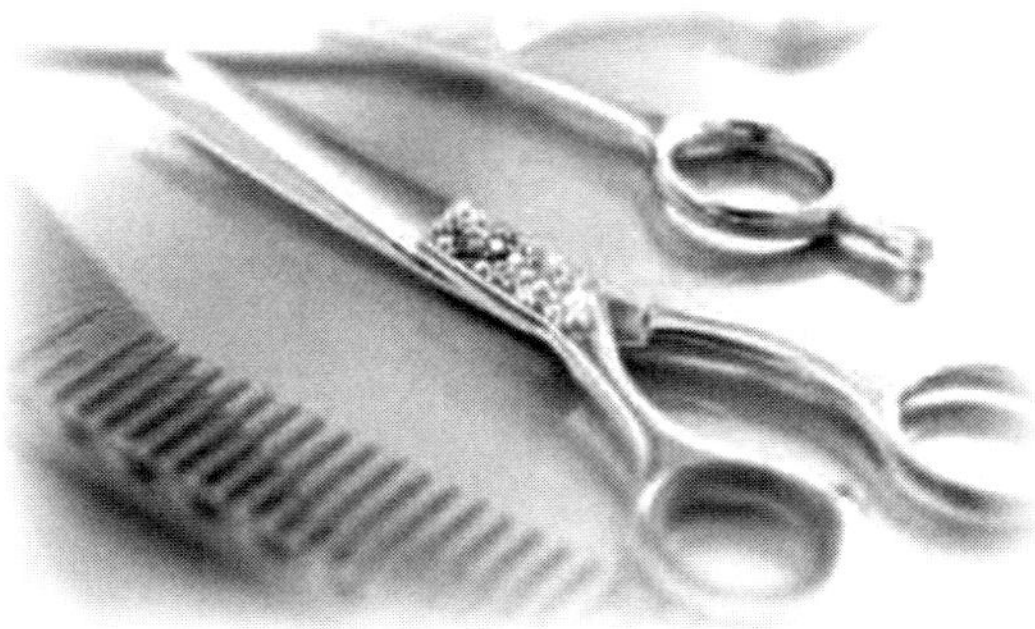

第2章

会社は経営理念に始まり
経営理念に終わる

何のための起業なのか？

「いつか必ず独立して自分のヘアサロンを持つ！」と思っていたころ、ある人からこう尋ねられたことがあります。

「そのヘアサロンって世の中に対して何になるの？」

どんな役割を持つかとか、社会に対して何を発したくて起業するのか、という本質的な問いを突き付けられた気がしました。

そのとき、反射的に思ったのが「人のために」ということでした。

先の章でもお話ししたように、僕は美容業界全体を変えたい、美容業界にイノベーション（変革・刷新）を起こしたくて、独立を志しました。

もっと労働条件の良いヘアサロンをつくって、雇用を増やしていって、そこで働く人たちの経済面、精神面ともに豊かにしたいと思ったのです。

雇用した人たちが豊かになっていくことで、お客さまにより良いサービスを提供できるようになるでしょう。すなわち、シアターをつくることは多くの人の役に立つ、と僕は考えたのです。

だから、シアターの存在意義は、第一に「貢献」にあると思っています。

これが、いわゆる「経営理念」ということになります。

「経営理念」といってしまうとすごく硬い言葉に聞こえますが、要するに「なぜそのヘアサロンが世の中にあるのか」に対する答えなのだと思います。

経営理念がはっきりすると、そこから逆算して「それを実現するには何が必要か」が見えてきます。

経営理念が決まると「やるべきこと」が決まる

シアターの経営理念は「貢献」です。

それを実現するには、まずスタッフを「経済的にも人間的にもより豊かにしていく」ということが必要最低条件になります。

さらにそれを実現するには、多くの人に受け入れられる店づくりを目指す必要がありました。

スタッフの生活をより豊かなものにしていくためには、より多くのお客さまに、そのお客さまの求める価値を提供しなければなりません。

お客さまの満足度を高めて、1人でも多くのお客さまに支持されること、リピートしてくださるお客さまを増やすのはもちろん、新規のお客さまにもたくさん来ていただかなければならないのです。

では、それがどうやったらできるのか？　そのためには何が必要なのか？　と逆算して考えるようになりました。

• たくさんのお客さまに対応するには、ある程度の人数のスタッフが必要。

↓

• そうすると、それなりの規模の店舗が必要。

↓

• そして、その店舗はより多くの人に来てもらいやすい場所にあることが必要。

こんなふうに次々と「やるべきこと」「あるべき姿」が明確になっていったのです。

常に経営理念に立ち戻ろう

「なぜこの世に自分の店があるべきなのか（＝経営理念）」ということは、経営者にとって片時も忘れてはならないことだと思っています。

それを忘れてしまうと、経営者自身もブレてしまうし、経営者がブレるとスタッフもブレていくのではないでしょうか。

経営理念というのは、船の羅針盤とか飛行機のフライトレーダーのようなものだと思うのです。

羅針盤のない船やフライトレーダーのない飛行機なんて、考えられませんよね。もしそれらがなかったら、旅することができなくなってしまいます。

経営理念もそれと同じです。

ただし、経営理念は羅針盤やフライトレーダーのように目に見えるものではありません。実際に店を始めると、お客さまが来てくださる限り現金収入が得られ、商売として成り立ってしまうのですね。

この「なければないで何とかなってしまう」というのが曲者《くせもの》です。何とかなってしまうが故に、日々の業務に追われて、「自分はどうして、何のために開業したのか」という一番大切なこと（＝経営理念）が置き去りにされやすくなります。

経営理念を忘れた経営をしてしまうとどうなるでしょうか？

経営者の気分次第で、コロコロ方針が変わるという結果を招くことにつながるかもしれません。それは自分に付いてきてくれたスタッフに対する裏切りになりますし、何よりも自分自身に対する裏切りにもなるでしょう。

たとえば、僕の場合でいえば、「貢献」と経営理念を忘れてしまったとしましょう。

そうなるとどんなことが起こるでしょうか。

僕はもしかしたら、自分の給料を上げることだけに夢中になるかもしれません。

そのために少ない人数のスタッフを、ギリギリまで働かせてしまう可能性が生まれます。

みんなを幸せにするために、交代制労働にしたり、給与水準を上げたりしたい、と明言していた僕が、そんな行動をしてしまったらどうなるでしょう?

スタッフの中には、辞めていく人も出てくるでしょう。

結果として、スタッフの幸せは実現できず、最後には僕自身が一人ぼっちになってしまって、路頭に迷うかもしれません。

つまり、誰も幸せにはなれなくなることだって考えられるのです。

経営者が気分次第の経営をしないためにも、開業当初から経営理念を固め、常にそれを忘れず、そこに立ち返っていくことが必要なのではないでしょうか。

自分はただの「道具」と思っている

開業のための準備を進めるうちに、僕の中で何かが大きく変わっていくのを感じるようになりました。

それは「会社」というものに対する認識です。

以前の僕にとって、会社は「利益を生み出すためのもの」でした。

ところが、自分がどうしてその会社をやりたいのか、その会社が社会にとってどんな役割を担うものであるのかを突き詰めていくうちに、「なるほど、会社はお客さまやスタッフのためにあるものなんだ」と思えるようになったのです。

いろいろと考えていくうちに、会社はお客さまやスタッフを幸せにするために存在すべきツール（＝装置）にすぎない、ということに気付きました。

おそらくそのツールを最もうまく使えるようにならなければならないのが、経営者という立場の人間なんだな、と考えるようになったのです。

みんなを幸せにするための道具として僕はがんばるぞ、というようなスイッチが入ったイメージです。

目標をどこに置くか

経営というのは、登山に似ているのではないかなと思います。

よく言われることですが、エベレストに登るのと高尾山に登るのとでは、必要な装備などの準備が違いますよね。また、求められる精神的・肉体的なポテンシャルや行動なども異なっていて当然です。

だから、自分が「どんな山に登ろうとしているのか」をしっかりと認識していないと、そもそもどんな準備が必要かが分からないということになります。

どんな山を目指すかは人それぞれが決めることなので、高い山と低い山のどちらが良い・悪いという問題ではないでしょう。

要は、それぞれのリスクを分かっていて、それでもなお「自分が登るのはその山だ」と決めて、どうしたら登頂が可能になるのかを考えることが大切なのだと思います。

ただ、低い山よりも高い山に登るほうが、事前の準備や装備、その山に登るための体力や知識が求められることは事実です。

なお、ヘアサロン経営と登山では1つだけ、決定的に違っているところがあります。

登頂したら目的が達せられ、後は下るだけで済む登山と異なり、ヘアサロン経営は登っておしまいではなく、ずっと登り続けなければなりません。

雨の日も風の日も極寒の日も酷暑の日も、登り続けなければならないのです。

それはとても大変なことですが、だからこそ面白くて努力のしがいがあり、やりがいもあるのかなと感じています。

今、僕がやっていること

僕は2018年いっぱいでハサミを置きました。

1日お店で働くよりも、会社の次の展開を考えて動くほうが、会社の利益になるのではないかと思っているからこその決断です。

任せられる仕事はどんどんスタッフに任せていって、僕がやったほうがいい仕事、さらに言えば僕にしかできない仕事をするほうがいいと思っています。

時間は誰にでも平等に流れている、だからそれをうまく使ってパフォーマンスを高めることが大切だと考えているのです。

まだ会社を始める前から、そのことはよく分かっていたつもりでしたが、実際に経営してみると、本当によくその意味が分かります。

時間の使い方については、とても敏感になりました。

変化を恐れない

組織というのは、それ自体が生命体であるといわれます。生命体＝生きている、ということです。

命あるものはどんどん姿を変えていきますよね。僕たち人間の体には、37兆個を超える細胞があり、その細胞が絶えず生まれては死んでいくことで、生命が保たれています。

組織もそれと同じなんだな、とよく思います。だから変化は大歓迎なのです。

もし組織がずっと変化することがなければどうなるでしょうか。店舗を増やすことができず、若い人が入ってくることもないとしたら？　いつまでも経営者とスタッフだけの関係でやっていかなければならないとしたら?

経営者には危機感がなかったとしても、スタッフのほうは「ここにいたら自分は終わる」と思ってしまうかもしれません。そしてチャンスを狙って抜け出すことを考えるでしょう。

そうなったとき困るのは経営者です。危機感を持たずに「このままで良し」としていたこと自体に問題があったことを、そのときに初めて知ることになるでしょう。

だから経営者に必要なのは、目標を見据えてそこから逆算して「組織は変わっていくものだ」と認識し、自ら「絶えず変化しよう」とすることなのだと思うのです。

サロンワークを成功させるために必要なこと

２０１６年に最初の店を立ち上げて２年が経ちました。

まだまだ経営者としてはヒヨッ子なので、経営の何たるかを語ることはおこがましくてできませんが、これだけは大事だと思う柱が３つあります。

それは「集客」「教育」「求人（労働条件含む）」の３つです。

次の章から、それぞれの柱をどうやって僕たちが太く強固なものにしようとしているか、その取り組みについてお話ししたいと思います。

第3章

集客こそがヘアサロン経営のカギ

集客がどれだけできるかが成否を分ける

ヘアサロン経営はお客さま相手の仕事です。

お客さまが来てくださって、僕たちが提供するサービスへの対価を払ってくださることで成り立つ仕事です。

どんなに「自分は良いサービスを提供している」と自信を持っていても、お客さまが来てくださらなければ、自分だけが自分のことを良いと思っている「裸の王様」になってしまいます。

僕が特に重要視しているのが、新しいお客さまに来ていただく新規集客です。

では、集客が成功することでどんなことが起こるのかを、順番に見ていきましょう。

新規集客の意義

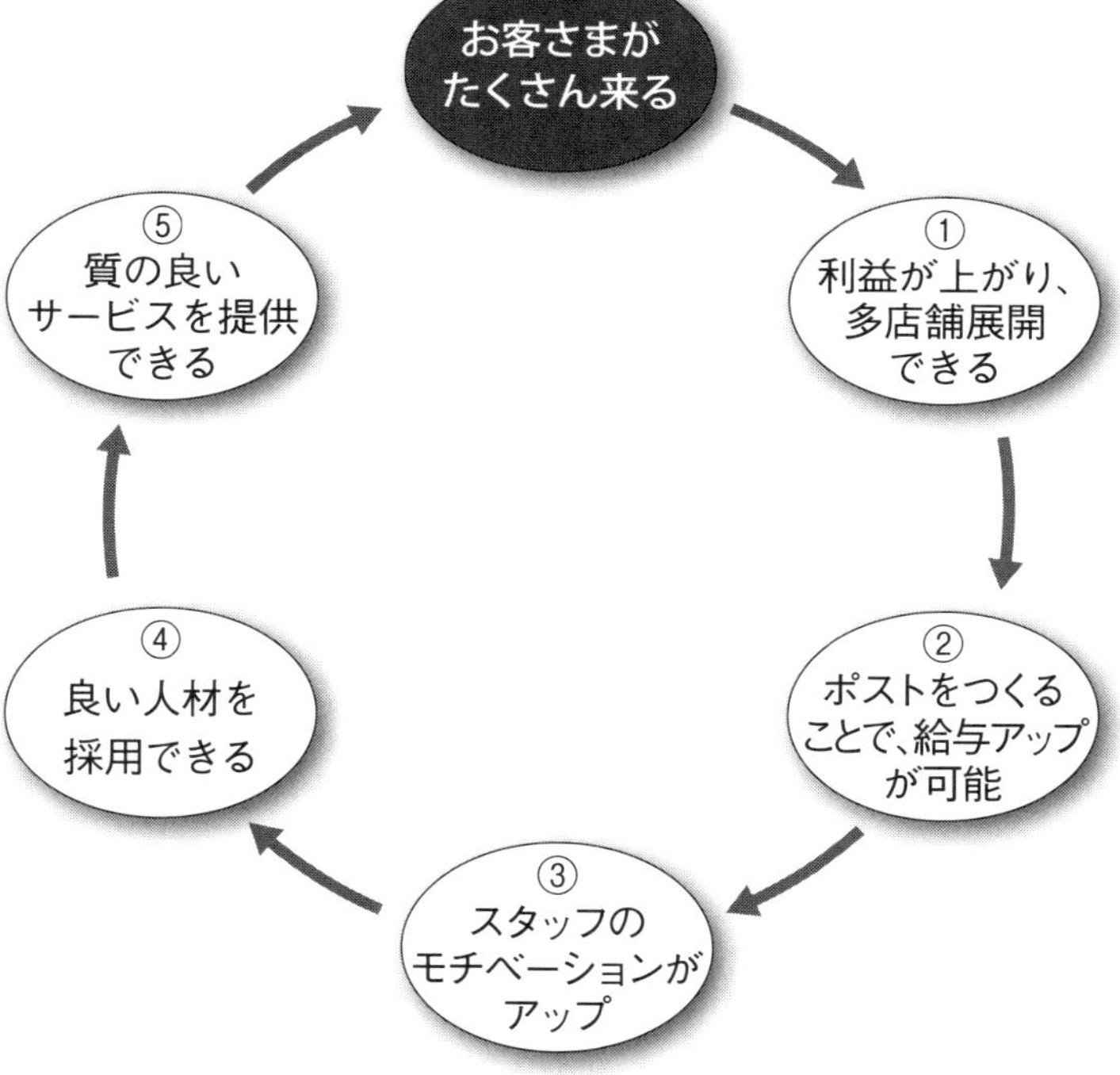
お客さまが
たくさん来る
①
利益が上がり、
多店舗展開
できる
②
ポストをつくる
ことで、給与アップ
が可能
③
スタッフの
モチベーションが
アップ
④
良い人材を
採用できる
⑤
質の良い
サービスを提供
できる

① 店の利益が上がり、多店舗展開できる

新規のお客さまにたくさん来ていただき、そのお客さまが顧客化していけば、店の稼働率が上がり、それに伴って利益も増えていきます。

その利益を次の店舗およびスタッフ雇用、福利厚生などに回すことによって、さらなるステージアップが可能になります。

② ポストをたくさんつくることができ、給与アップが可能になる

新しい店舗ができるということは、店長など、いわゆる「上のポスト」がたくさん必要になるということです。それによって、そのポストに既存のスタッフを配置することができるようになります。

スタッフにとっては、それぞれの自己実現を叶《かな》えるチャンスにつながっていきます。

人はお金や社会的地位のためだけに働いているわけではない、というのは真実です。

でも、収入や地位が上がったらうれしく思うのは自然なことですし、「これだけもらえるのだから、もっとがんばろう！」と思えるのも、人として当然の感情だと思うのです。

スタッフの意欲を喚起するためにも、店舗展開を進めて「自分はもっと上に行ける」と思えるような仕組みを作ることが必要なのではないでしょうか。

③若いスタッフのモチベーションがアップする

ポストをたくさんつくって、そこに適正な人材を配置することは、本人のためになるだけではありません。若いスタッフたちが、先輩たちのステップアップしていく姿を目の当たりにすることにも、大きな意味があるのです。

がんばればがんばった分、上の人たちがステップアップしていく姿を見ることで、「自分にも未来がある」と思えるようになっていくでしょうし、「いつか自分もあんなふうになりたい」とモチベーションをアップさせることにもつながるでしょう。

若いスタッフたちに、自分の未来に夢を思い描いてもらうためにも、スキルアップを果たしてもらうためにも、新規集客は重要なカギとなるのです。

④良い人材を採用できるようになる

良い人材は、常に成長を求めています。

新規のお客さまが多数来てくださることで、良い人材を集めることができ、スタッフの成長にとっても良い影響を与えるでしょう。

⑤質の良いサービスが提供でき、さらなる集客につながる

良い人材が確保できれば、提供できるサービスの質がさらに向上してヘアサロンの評判が高まり、より多くのお客さまに足を運んでいただけるようになるでしょう。

たくさんのお客さまが来てくださるということは、多くの利益が生まれて、それを投資に回すことによって、新たな店舗を出すことができ、①～⑤のような効果を生み出していく……つまり「良い循環」を繰り返すことができるようになっていくのです。

新規集客はなぜしなければいけないか

お客さまはたとえ満足してくださっていたとしても、結婚・出産・引っ越しなどの理由により減っていくことは免れません。

だからこそ新規のお客さまにたくさん来ていただき、ファン化していただくことが必要なのです。

ちょっと大きな話になりますが、会社のような組織は、存続することで社会的意義を果たすことができると思います。ちゃんと続いてこそ社会の役に立つわけで、どんなに良いことをしても、すぐに消えてしまうようでは意味がありません。

だからまず、存続するために、人がちゃんと残っていくような組織づくりをしなくてはなりません。

組織を支えるのは「人」です。つまり、人が残り、良い人材がどんどん入ってきてこそ、組織は成長できるのです。

となると何が必要になるでしょうか？

既存のスタッフが残り、さらに新たな人をどんどん採用できるような、環境づくりが大切ということです。

店舗経営でいえば、その基礎になるのが新規集客ということになります。

新たに来てくださるお客さまが少ない状況が続くと、お客さまが付かないスタッフが増えてしまいます。

この「お客さまが付かない」というのは、美容師にとって最も大きなダメージとなるのではないでしょうか。

お客さまが付かないことで、モチベーションが下がって、本当に未来が見えなくなってしまうからです。自分の夢にも自信が持てなくなって、どんどん不安になっていってしまいます。

「もう自分はダメなんじゃないか」という雑念に押しつぶされそうにもなるでしょう。

だから、店というのは常に忙しくないといけない、と僕は思っています。

リピートしていただく努力とともに、新規集客に力を入れ、好循環をつくり出すことによって、忙しい状況をつくることができるのです。

こう言ってはお客さまにとっては失礼に当たるかもしれませんが、僕は新規のお客さまというのは、スタッフにとっての「成長の種」になると思っています。

その成長の種を持ってきて、スタッフに分けてあげたい、というのが、開業に当たって僕が考えていたことです。

そのころ、表参道のサロンでは、月に１００～２００人の新規のお客さまが来てくだされば「成功」と言われていました。

それに対して、起業当初僕が目標にしたのは「月500人」の新規集客です。

今でもその目標を毎月大きく超えて達成できています。

実際にヘアサロンの収支を見てみよう

おかげさまでシアターは開業以来、多くの新規のお客さまにお越しいただいています。

それを可能にしたのは、最初から大きな規模の店舗で営業を始めたことにあります。

これから開業される方の中には、「最初から大きく始めるのは怖い。小さく始めて、少しずつ大きくしていけばいいのでは？」と考える方が少なくありません。

でも誤解を恐れずに言えば、そのほうが結果的に難易度が上がるのではないかと思います。

小さく始めるということは、一見するとリスクが小さいように思えますが、その分、リターン（見返り）も小さくなってしまうからです。

それがどういうことなのか、架空の店を設定して、その店の収支を見ていくことにしましょう。

数字が苦手な方も、ぜひ読んでみてください。

数字を見ながら解説を読んで、「ふんふん、なるほど、そういうことか」と思ってくだされば OK です。

このモデルケースでは、店舗面積20坪で坪単価が2万円、席数は6席、客単価はカットとヘアカラーで8000円、営業時間は10時間、月間営業日数は22日、スタッフは6人（オーナーを含む）という想定をしています。

客席6席というのは、それほど小さくはないですが、まずはモデルケースということでご容赦ください。

まず収入から計算してみましょう。

モデルケース

〈基本データ〉

店舗面積	20坪
坪単価	2万円
席数	6席
客単価／所要時間	8,000円／2時間（カット＋ヘアカラー） ＊客単価＝Ⓓ 1日の売上金額 ÷Ⓒ 稼働率を考慮した 1日の客数
営業時間	10時間
月間営業日数	22日
スタッフ数	6人（オーナーを含む）

〈収　入〉

Ⓐ 回転数	5回転 ＝営業時間（10時間） ÷所要時間（2時間）
Ⓑ 1日の客数	30人（フル回転） ＝Ⓐ（5回転）×席数（6席）
Ⓒ 稼働率を考慮した 1日の客数	18人 ＝Ⓑ（30人）×稼働率（60%）
Ⓓ 1日の売上金額	14万4,000円 ＝客単価（8,000円）×Ⓒ（18人）
Ⓔ 月の売上総額	316万8,000円 ＝Ⓓ（14万4,000円） ×月間営業日数（22日）

カットとヘアカラーで2時間かかるとした場合、回転数は「営業時間10時間÷所要時間2時間＝5回転」となります。従って、1日当たりのお客さまがフルに入れる人数は「6席×5回転＝30人」ということになります。

とはいえ、毎日フルに入り続けることは想定できないので、稼働率を60％として18人を計算のベースとすることにします。

客単価が8000円なので、1日当たりの売上金額は「8000円×18人＝14万4000円」となります。

これに月の営業日数である22日を掛けてみます。「14万4000円×22日＝316万8000円」これが1カ月当たりの売上総額です。

「へえっ！　そんなにたくさんの売り上げがあるのか！」と思ったかもしれませんね。しかし問題はここからです。ここから実にいろいろなものが引かれていきます。

①　**家賃**

この店の坪単価は2万円です。

広さが20坪なので、1カ月当たりの家賃は「2万円×20坪＝40万円」となります。

②　**人件費**

スタッフの数は5人です。この人たちに支払う賃金（社会保険料含む）は、「総売上の50％」と考えます（これを「労働分配率」といいます）。

「316万8000円×50％＝158万4000円」

すなわち、売り上げの半額は人件費として使われるということです。

ちなみにこれを5人で割ると、スタッフ1人当たりの賃金（社会保険料含む）は31万6800円ということになります。

③　**材料費**

材料費は総売上の10％として計算します。

「３１６万８０００円×10％＝31万６８００円」およそ32万円が材料費として使われます。

④ 光熱費

光熱費は総売上の３％程度です。

「３１６万８０００円×３％＝９万５０４０円」１カ月当たりおよそ９万５０００円を光熱費として支払うことになります。

⑤ 広告費

広告費はかけようと思えばいくらでもかけることができますが、ここでは総売上の10％とします。

「３１６万８０００円×10％＝31万６８００円」およそ32万円が広告費となります。

⑥クレジットカードの手数料

今は半数のお客さまがクレジットカードでの支払いをされます。この手数料が意外にかかります。クレジットカードの利用額を売上金額の半分として、手数料が3・24％としてみると、

「（316万8000円÷2）×3・24％＝5万1321円」およそ5万円となります。

①～⑥が必要経費となり、その総額は276万9000円となります。

売上総額からこの必要経費を引くと利益になります。

「316万8000円－276万9000円＝39万9000円」

なお、利益と人件費には消費税が掛かります。

「（39万9000円＋158万4000円）×8％＝15万8640円」およそ16万円となります。

この時点で、

「39万9000円－16万円＝23万9000円」

店をオープンしたときのローンがあれば、ここからさらにローン返済分が引かれます。仮にローン返済が15万円として計算してみましょう。

「23万9000円－15万円＝8万9000円」

年収にすると、

「8万9000円×12カ月＝106万8000円」

となります。年収約106万円と考えるといいでしょう。

この中から自分の社会保険料や税金を支払うことになります。

その残りで生活をし、できれば次の店の出店を見越して貯蓄もしたいところですが、さてこの数字を見てそれが可能かどうか……皆さんはいかが思われますか？

器の大きさは後から変えられない

2016年9月に開業したシアター本店は、店舗の面積が40坪で席数が16席、美容師が20人います。家賃は月100万円で、1カ月の売り上げが1800~2000万円といったところでしょうか。

スタッフ1人当たり、1カ月100人のお客さまを担当している計算になります。月に100人担当するのは多いように感じられるかもしれませんが、勤務日を22日とした場合、1日当たりに担当するお客さまの数は4、5人です。

開業する人の中には、「3~4席でこぢんまりやりたい」という人が多いですが、先ほどのケースに見たように、小さければリスクも小さくなるというわけではないということがお分かりいただけたことでしょう。

むしろ、小さく始めてしまったために、利益が残りにくく、「次の展開」がまったく見えなくなってしまうケースのほうが多いのではないかと思っています。

だから僕たちは、スタッフの未来を作っていくために大きな展開をしなければいけないと思い、迷わずに大きな店舗を構えることを目指しました。

もっとも、器（＝店舗の大きさ）は、後から変えることができないと思っていたので、かなり慎重に決めました。

開業するに当たっては、後からいくらでも変えることができるものと、容易には変えることができないものがあると思っています。

たとえば、スタッフの教育とか、労働条件の改善などの部分は、容易ではありませんが後から変えることが可能です。

しかし、いったん構えてしまった店舗の規模を変えることは、非常に困難です。

開業してしまってから、「もっと大きくすべきだった」と思ったとしても、店の大きさは簡単には変えることができません。

店の規模をどうするかは、最も慎重に考えるべき点の1つでしょう。

「時間を稼ぐ」ことが大事

店舗が大きくなればなるほど家賃も高くはなります。

でも、店舗が大きい分、僕は「時間が稼げる」と考えています。

「時間が稼げる」というのはどういうことかというと、若いスタッフを入れることができ、その人たちの教育ができるということです。

多店舗展開をして事業をどんどん発展させていこうと思ったら、「人を育てること」がとても大切になります。

店舗が大きいとその分、たくさん人を雇うことができ、若いスタッフをどんどん育てることができるのです。その人たちに自分たちの思いを伝え、店の文化や仕組みを作ることができたり、次の店舗展開への準備ができたりするということになるのです。

すなわち、お金をかけて大きな店を構えた分だけ、リターンを大きくできる可能性が生まれるということです。

立地……どこで開業するか

どこに店を構えるか、迷う人は多いと思います。

実は僕も、最初からスパッと「開業するなら表参道！」と決めていたわけではありません。

表参道は、若者からミドルエイジまで、さまざまな人に好まれる人気エリアです。

そこで出店することは、ステータスにもなりますし、ブランド力の強化につながることは間違いありません。

とはいえ、人気エリアだけに家賃が高く、競合店がとても多くて、新規参入の難易度が高いことは目に見えていました。

僕は以前の店に勤めていたとき、郊外店の立ち上げに関わったことがあります。そのとき集客が非常にうまくいき、予想していた以上の結果を出せたのです。

勝ち方が分かっている郊外で開業すれば有利になるのではないかという思いも、正直なところありました。

しかし、一緒に働いてくれるスタッフを集めるためには、郊外よりは表参道のほうが有利だと思えました。

美容師にとって「どんなエリアのヘアサロンで働くか」はとても重要なことです。「どうしても表参道で働きたい」という美容師は多いでしょう。

働きたい人が多い分だけ、優秀な人材を採用できる可能性は高くなります。

とはいえ、家賃の高さに関していえば、表参道は郊外の比ではありません。開業のしやすさでいえば、圧倒的に郊外が有利になります。

そこで、立地決めに当たって、結局、僕たちは自分たちが開業しようとした原点である「経営理念」に立ち戻ることとなりました。

僕たちの経営理念は「貢献」です。そのためには何が必要なのか、もう一度考えてみることにしました。

そして、より大きな貢献の輪を広げていくためには、「とにかく初速が大事」ということに思い至ったのです。

初速とは、開業の初期にどれだけ多くのお客さまに来ていただき、どれだけ多くの仲間を集められるかということです。

その原点に立ち戻ったとき、郊外よりも圧倒的に表参道のほうが有利なのは間違いないと思いました。

ただし、その「間違いがない」というのは感覚的なものにすぎません。数字の裏付けがしっかりできていないことには、確信は持てないと思った僕は、先ほどご紹介した例のように、徹底的に分析をしてみることにしました。

もし立地に迷うことがあったら、候補になっている場所に来るお客さまの属性を考えてみるといいと思います。

そこにお客さまが来られるとしたら、どういう年齢層のどういう人たちなのか。若い人が多いのか、お年寄りの方が多いのか、あるいは大学があって学生が多く住んでいるのか。そのお客さまたちは車で来るのか電車で来るのか、あるいは歩いて来るのか。そのエリアに歩いてこられる範囲は何キロ以内なのか。

そのエリアによっていろいろな条件があると思うので、その条件をできる限り小さく分解して考えてみるといいでしょう。


また、物件を選ぶに当たって、特に気を付けなければいけないことがあります。

それは「見た目のかっこよさだけで決めない」ということです。

僕たち美容師は、おしゃれでかっこいいものに、世間一般の人よりも敏感に反応してしまう習性があります。それだけ美意識が発達しているということなので、決して悪いことではありません。

でも、「ビルの外観がかっこいいから」という理由で、駅から離れていたり、家賃が高過ぎる物件を借りたりしてしまい、失敗することがとても多いのです。

「この場所はお客さまにとって来やすい場所なのか」「この家賃を払って、ちゃんと経営が成り立つのか」など、第三者の目線で考えてみるといいでしょう。家賃が高いと、価格に転嫁させざるを得なくなります。

どんなにかっこいい店舗で、どんなに良い腕の美容師がいたとしても、行きづらいサロンや価格が高過ぎるサロンには、お客さまは足を運ばないでしょう。

自分の主観だけでなんでも決めず、立地も物件選びも、まずはお客さまの目線に立つことが大切ではないでしょうか。

「マス」をターゲットに

まず、ヘアサロンの激戦区である表参道で、僕たちがより多くのお客さまに選ばれるようになるには、どういう層をターゲットにすればいいのかを分析してみました。

表参道のサロンのほとんどが、ごく一部のおしゃれな層を狙っています。

それは、このエリアで出店する美容師の方たちは、自分の技術に自信があって、「この技術を売りたい」と思っていたり、自分はアーティストだという自負があり、クリエイティビティに富んだことをしたいと思っているからでしょう。

しかし僕たちがこの街で多くのお客さまに支持されるためには、その路線とは異なったやり方を選ぶべきだと思いました。

同じ路線をいけば、既存の成功しているサロンと同じように、客単価を高くできるでしょう。でもそれでは差別化ができず、後発組の自分たちにはむしろ不利な状況をつくることになるのではないかと思ったのです。

そのことを確信したのは、ある日、電車に乗っていて乗客の女性たちを見回したときのことです。

「この電車に乗っている人の中で、すごくおしゃれで、1カ月当たり美容室に2〜3万円お金をかけられる人がどれくらいいるだろう?」という思いが、ふと頭に浮かんできたのです。

失礼な話なのですが、本当におしゃれな人、美容にお金をかけている人は「それほど多くはないな」と思いました。

サロンで利益を出そうと思ったら、

①客単価を上げる

②たくさんのお客さまに来ていただく

のどちらかを選ぶことになります。

①の路線でいこうとしたら、「ヘアサロンでたくさんのお金を使っても構わない」と考える、一部のおしゃれなお客さまにお得意さまになっていただかなければなりません。

具体的にいうと、「カットとカラーに2万円払ってもいいと思ってくれそうなくらいおしゃれで、経済力のある女性」ということになると思います。

それまで僕は、表参道の、いわゆる高単価サロンで勤務をしてきました。そこに来るお客さまたちは、美容室に高額な料金を払うのを「当然」としている方たちです。

しかし、電車の中の女性たちを見る限り、そういう女性はほんの一握りだという現実が見えてきました。

僕のビジネスモデルはたくさんのお客さまに来ていただくことで成立するものです。

そうなると残る道は一つ、「できるだけ多くのお客さまに来ていただけるよう、マスを狙った店づくりをする」ということになります。

とはいえ、美容師はクリエイターです。一緒に働くスタッフたちにとって、自分がつくりたいスタイルをつくれないのは、フラストレーションがたまるでしょうし、仕事に対するモチベーションが維持できないことにもつながっていくでしょう。

一般受けして、なおかつ美容師としてのクリエイティビティも満たすことができるスタイルを模索することが必要と分かりました。

多くの人に支持され、たくさんの利益を生み出すというビジネス上の成功と、ヘアサロンで働くスタッフたちの満足という、2つの要素を満たせるようなサービスを提供するのが、僕たち共同経営者のなすべきこと、ということになります。

ビジネスとクリエイティビティの掛け算ともいえるかもしれません。

たとえていえば、お客さまが反応するところを左側、ヘアサロンで働いてくれる美容師がやりたいことを右側の天秤にかけたとき、左右のバランスがちょうど釣り合ったところのスタイルを創りだしていく、というイメージです。

自分の技術に自信を持っている美容師が、おしゃれでかわいいものを創りたいと思い、それをお客さまが受け入れて「こんなスタイルにしてくれるのなら、このヘアサロンに行ってみたい」と思う。そんなふうに両者の重なり合うところを狙いたいと思ったのです。

想定顧客を絞り過ぎない戦略

「うちのお客さまになってくれそうだな」と具体的にイメージしたお客さま像を「想定顧客」といいます。

サロンで自分たちが提供するスタイルと、そのスタイル提供の対価（＝価格）を決める場合、どれだけ明確に想定顧客をイメージできるかがカギになります。

電車に乗っているとき、乗客の女性たちの中に、とびきりおしゃれな人はそう多くないことに気付いたことが、想定顧客の設定のヒントになりました。

群を抜いておしゃれな人と、おしゃれにまったく関心のない人たちを除いた層が、想定顧客になるのだろうな、と思いました。

おそらく僕たちのターゲットになるのは、今からがんばっておしゃれになりたいと思っている女性たちなのではないかと。おしゃれの第一歩として、表参道のサロンに行ってみたいと思っているような女性、というのでしょうか。

大学に入学したばかりの18、19歳くらいから、20代前半までのイメージです。これからおしゃれをして、自分に自信を付け、素敵な恋愛をしたり、自分の思い通りの生き方をしたいと、未来に夢を描いている女性たちが、顧客年齢の下限になるだろうと考えたのです。

オーナーである僕らが30代半ばに差し掛かっているということから考えて、お客さまの年齢は40代前半が上限になることが予想されます。

つまり、僕たちがターゲットとすべき想定顧客からは、高校生以下の年齢の女性やシニア層の女性は顧客ターゲットからは外れるだろうと思いました。

また、想定顧客を設定するときには、ファッションからイメージしてみるのもいいと思います。

僕の場合は、表参道に来る女性というと、ちょっときれいめな感じだけれども、銀座ほどOL色の強くないきれいさを持った女性だろうと予想しました。

すぐ近くにあって、歩いて行ける原宿に来る女性ともまたちょっとタイプが違うだろうな、と。原宿だともうちょっと若く、とがった感じになると思います。

表参道は原宿よりもちょっとラグジュアリーな感じ、高級志向なイメージです。

そんなふうにお客さまのイメージを明確にすることによって、

・いくらまでヘアサロンにかけることができるか。
・どんなスタイルが好まれるか。

など、さまざまな分析ができるようになることでしょう。

価格帯を決める

僕たちの店の主な想定顧客となるのは、20代前後～40代前半くらいの、とびきりのおしゃれではないけれども、おしゃれに関する努力をしたいと思っている女性たち、という分析結果となりました。

次に、この人たちがヘアサロンにかけられる金額は、どれくらいになるのかを予測してみました。

現在の20～40代前半の女性の平均月収は、20万円から多くても30万円くらいでしょう。その中からヘアサロンに使えるお金はどれくらいになるのでしょうか。

女性の場合、ヘアサロンだけではなく、基礎化粧品やメイクアップ用品にもお金がかかりますし、エステやネイル、まつげエクステなどにお金をかけたい人もいるでしょう。

そのような美容にかかる費用をトータルすると、月2～3万円程度ということになるだろうと予想しました。

そうなると、美容室に毎月来るのは難しいでしょう。美容室にかけられるお金は2カ月に1回のペースで、1回当たり1万円で収まるあたりになりそうです。

美容室の価格決めで大事なのは、新規のお客さまが来店されて、最後にお金を払ってくださったとき、「この価格でこの技術、このサービスなら、また来たい」と思っていただける価格になっているかどうかだと僕は思っています。

これはお客さま相手のすべての商売についていえることでしょう。僕は飲食店などに入ったときも、「このサービスでこの価格はどうなんだろう?」という目で見てしまいます。

割安と感じたらリピートしますし、割高と感じたら二度と行きません。

では、僕たちが1万円以下でお客さまに「また行ってもいいな」と思っていただけるメニューはどんなものなのか……そこを考えることにしました。

たどり着いたのは、2カ月に1回、カット&カラーで来店されたとき、8000円という金額で納得していただけるサービスを提供することでした。

つまり、その価格で「また来たい」と思っていただけるくらいの経済状態にある層……それが僕たちのメインターゲットになるということです。

こんなふうに「どの層をターゲットに、何を提供するか」を決めて、そこに向けて狙い撃ちしていくことで、成功する確率が高くなっていくのだと思います。

3C分析という手法

経営分析の中に「3C分析」という手法があります。

3CのCはそれぞれCustomer（顧客）、Company（自社）、Competitor（競合）の

頭文字を表します。

どんな人が顧客になるのか、自社の強みは何なのか、競合相手の状況はどうなのか、といったことを分析し、「どうすれば顧客に支持され、自社の強みを生かして競合相手に勝っていけるのか」を考えるためのものです。

①Customer（顧客）

ここでは想定顧客の属性を分析します。

たとえば、そのエリアのお客さまのライフスタイルを分析することで、店のオープン時間や価格決めの参考にすることができるのです。

オフィス街で開業した場合、17時で閉めてしまったらお客さまに来ていただくことはできません。逆にファミリー層が多いエリアであれば、20時以降に来店されるお客さまはほとんどいないでしょう。そうなると深夜営業しても効果が低い、ということになります。

②Company（自社）

これは、競合他社とぶつかる部分です。そこをどうやって切り抜けるかを考えることが、自社の強みにつながっていきます。

たとえば、カット&カラーを３５００円でやるサロンと、２万円でやるサロンとでは、お客さまの層がまったく違うので「競合他社」にはなりません。

でも、３５００円のサロンと４０００円のサロンで、しかもターゲット層が似ている場合は競合することになります。

そのときに、どうすれば競合相手に勝てるかを考え、「これなら勝てる」というものが見つかったとき、それが「自社の強み」になります。

競合相手よりもかわいいスタイルをつくれるとか、お客さまを惹《ひ》き付ける文言なり写真なりを、広告やＳＮＳで発信することができるといったことがあれば、それが「自社の強み」になるでしょう。

③Competitor（競合）

僕は、競合相手の状況については、美容系のフリーペーパーに掲載された表参道エリアのヘアサロンの情報や、ホームページなどありとあらゆるものに目を通し、どれくらいの価格になっているのかをリサーチしました。

表参道にあるヘアサロンすべての価格を調べて回った、と言っても過言ではありません。

そのデータを基に、どのくらいの価格設定にすれば、この激戦区でお客さまに支持していただけるかを考えたのです。

そんなふうに、その街にどういう人がいるのか、どういう競合店があって、自分の店はどういう作戦を立てれば生き残っていけるのかを考えるといいのではないでしょうか。

僕はそうやって、価格決めや打ち出していくスタイルや世界観、広告の文言などを組み立てていきました。

新規開業した美容室の失敗の原因の多くは、価格が高過ぎることにあると僕は思っています。特に大きな店の出身で、その店のブランドの看板を背負っていた人にその傾向があるように見受けられます。

大きな店で働いていたとき、多くのお客さまに支持されていたのは、もちろん本人の技術力やコミュニケーション力が優れていたからだと思います。

しかし、一方で、店のブランド力に手助けされていた部分も、決して否定できないと思うのです。

独立するということは、そのブランドの後ろ盾を失うということです。

でも本人にしてみると、自分の技術は何も変わっていないので、当然、これまでと同じ価格設定でやっていけると思ってしまうのですね。

ブランドの看板の力というのは本当に侮れないものなので、そのことを考慮に入れつつ、価格決めをされるといいと思います。

価格はスタイリストのランクによって変える

サロンのブランディングのために、客単価を下げることができないという声を聞くことがあります。

でもそれでは「経験の浅いスタイリストには任せられない」ということになってしまいます。経験豊富なスタイリストに合わせた価格設定をしてしまうと、技術がその人たちに及ばないスタッフは出る幕がなくなるからです。

仮に任せたとしても、お客さまが「この技術力でこの価格?」と不満を持ってしまうでしょう。

すると、経験値の低いスタイリストはいつまでたっても新しいお客さまを獲得できず、スキルアップすることもできません。「未来がない」ということになってしまうのです。

だから僕は、スタイリストのランクによって、価格を変えるというのはまったく問題ないと思います。

お客さまの中にも、「そんなに特別難しいことをしてくれなくてもいいから、安いほうがいいわ。私は学生であんまりお金がないから」という方もいらっしゃることでしょう。

そういうお客さまと経験の浅いスタイリストがうまくマッチングするような仕組みを作っておけば、お客さまは安く髪をカットしてもらえて、スタイリストは経験を積むことができます。お互いに好都合でウィンウィンの関係になれるというわけです。

シビアな予想をクリア

ここまでお話ししてきたように、僕はさまざまな角度から予想を立て、表参道で出店した場合、どれくらいの売り上げが出て、どれくらいの利益が残るかを計算し、損益分岐点を出してみました。

その結果、表参道で出店しようと決断できるところまで昇華させることができました。ブランディングさえしっかりできれば、集客は必ずうまくいくだろうと思ったのです。

それなら成功したときに大きな結果が付いてきやすい表参道で出店しよう、リスクを負ってでも表参道に店を持つ価値はある、というのが共同経営者4人全員の一致した意見でした。

こうして2016年9月に僕たちの最初の店が、表参道に誕生しました。

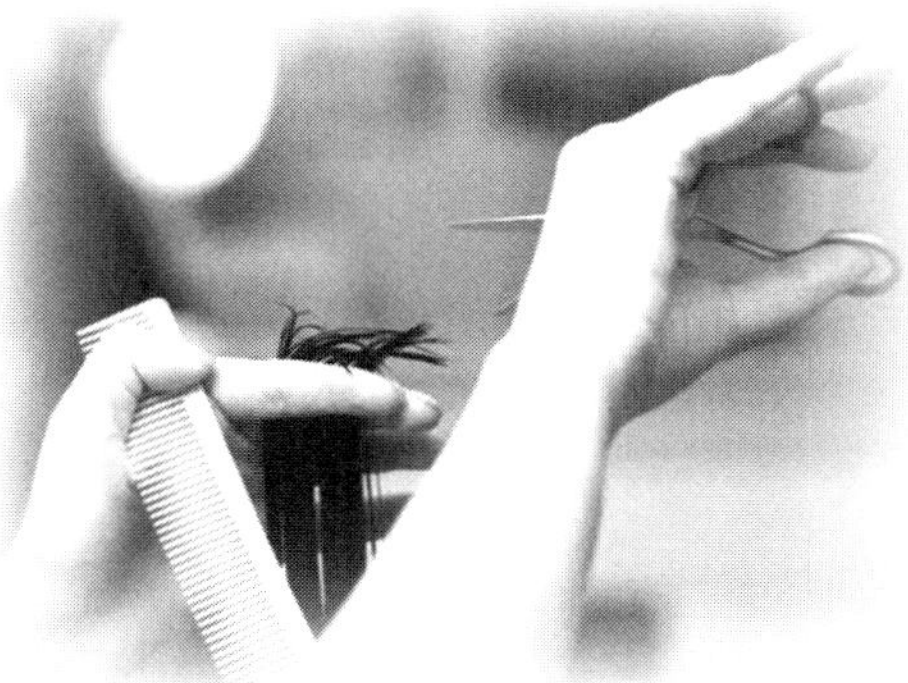

⑫ 1カ月当たりの売り上げを出してみましょう。

〔⑩ 稼働率を60%とした場合の席数〕＿＿＿ 席 ×〔⑪ 平均客単価〕＿＿＿ 円

＝＿＿＿ 円

⑬ 人件費を計算しましょう。

人件費……〔⑫1カ月当たりの売り上げ〕＿＿＿ × 50% ＝ ＿＿＿ 円

⑭ 売り上げから必要経費を引いて、利益を計算しましょう。

㋐ 材料費〔⑫1カ月当たりの売り上げ× 10%〕＿＿＿ 円

㋑ 光熱費〔⑫1カ月当たりの売り上げ× 3%〕＿＿＿ 円

㋒ 広告費〔⑫1カ月当たりの売り上げ× 10%〕＿＿＿ 円

㋓ クレジットカードの手数料
〔(⑫1カ月当たりの売り上げ÷2)×3.24%〕＿＿＿ 円

㋔ ㋐〜㋓の合計金額 ＿＿＿ 円

■ 利益の額……⑫ － ㋔ ＝ ＿＿＿ 円

⑮ 消費税の額を計算して、⑫から引きましょう。

■ 消費税の額……〔⑬人件費〕＿＿＿ ＋〔⑭利益〕＿＿＿ × 8%

＝ ＿＿＿ 円

⑯ ⑮からローン返済分を引いて、手取り額を計算します。これがあなたの手元に残るお金です。

手元に残る金額…… ⑮ ＿＿＿ － ローン返済分 ＿＿＿ ＝ ＿＿＿ 円

＊法人の場合は経常利益から法人税が引かれます。

◈ 自分が開くヘアサロンをイメージしながら、書き出してみましょう。

① 最寄り駅はどこですか？ ＿＿＿＿＿＿＿＿＿＿＿＿＿＿

② 駅から徒歩何分の場所にありますか？ ＿＿＿ 分

③ そこは１坪いくらですか？ ＿＿＿ 円

④ 何坪ありますか？ ＿＿＿ 坪

⑤ １カ月当たりの家賃を計算してみましょう。

〔③坪単価〕 ＿＿＿ ×〔④坪数〕 ＿＿＿ ＝ ＿＿＿ 円

⑥ １カ月当たりの営業日数は何日ですか？ ＿＿＿ 日

⑦ １日の営業時間は何時間ですか？ ＿＿＿ 時間

⑧ 客席は何席ありますか？ ＿＿＿ 席

⑨ １カ月フルに席が埋まった場合の席数を計算しましょう。

〔席数〕 ＿＿＿ 席 ×〔営業日数〕 ＿＿＿ 日 ＝ ＿＿＿ 席

⑩ ⑨の稼働率を60％とした場合の席数を計算しましょう。

〔⑨満席〕 ＿＿＿ 席 × 60％ ＝ ＿＿＿ 席

⑪ 平均客単価はいくらにしますか？ ＿＿＿ 円

第4章

人材教育が会社を大きく育てる

教育は面接のときから始まっている

僕は美容業界＝教育産業、と捉えています。一緒に働いてくれる若い人を育てることが、業界全体を活性化させ豊かにしていくと思うからです。

何よりも、シアターの目標である「1万人の雇用を達成して、そこに関わる人みんなに幸せになってもらう」というのは、僕1人の力ではもちろん、共同経営者4人がどんなにがんばっても達成できるものではありません。

とにかく何かをなそうと思ったら、人の力が必要です。「人材」が「人財」といわれるゆえんですね。

だから自分の店を持とうと決めたときから、教育システムをしっかりつくり込むことが成否を分けると思っていました。

そのための最初の教育は、面接の場から始まっています。

おかげさまで今、シアターで働きたいという人がたくさん集まってきてくれています。その際、書類選考で選別するようなことはせず、直接会って話を聞くようにしているのですが、そのときに「何がしたくてうちに来たいのか」ということについて、かなり突っ込んで質問します（2018年から中途採用の面接に関しては、共同経営者の佐々木に任せています）。

というのも、シアターという会社は、あくまでスタッフの自己実現を叶《かな》える装置でしかないと思っているからです。

シアターに就職できたらそれでOK、というのでは困るのです。それだとシアターに依存することになってしまいますから。

自分はシアターに入ってどんなことをしたいのか、それが自分のためにどう役に立つのか、シアターに依存するのではなくて、シアターを利用して自立していく、というような流れに持っていって、面接に来た人が「ちゃんと自立して、シアターと自分がお互いに相乗効果を生むためにここで働きたい」と思えるように、マインドをセットするようにしています。

面接のときにそうやって企業理念を刷り込むので、それに対して強い意識を持って入ってきてくれるスタッフが多いです。

だから、シアターのスタッフは目的意識というか、目標に対する解像度がかなり高いのではないかと思います。

三方良しの価値観を持ってほしい

人それぞれいろいろな価値観を持っています。

人間は基本的には自分が一番かわいい生き物なので、よほど意識して視点を広げる努力をしていかないと、「自分さえ良ければそれでいい」という価値観に陥りがちになります。

実は僕もかつてはそうでした。負けん気が強く、いつも一番でいたかったのです。人を蹴落としてまでも、とは思いませんでしたが、一番強い者が勝つのは当然で、弱い者は負けても仕方がないと思っていました。

でも、今になってみると、それは違うと感じます。

本書の中で何度もお話ししているように、自分1人では何も大きなことはなし得ないわけです。自分1人圧倒的に勝ったところで、たかが知れている。

それよりも、若い人たちに育ってもらって、どんどんお客さまに支持されるようになってもらったほうがいいのです。

そうすれば店全体の利益が上がり、新しい店舗を出すことができ、さらなる事業の発展が見込めます。

本当に豊かになりたいと思ったら、自分だけ良ければという考えから早く卒業しなければいけないと思います。自分が良ければいい、と思った途端に、どうやって抜け道から出ようかと考えだし、思考が単純化してしまいます。

それよりも、自分も勝ちながら人も勝たせることが、もっと広い範囲の勝ちにつながっていくことを理解したほうがいいと思うのです。

僕の場合でいえば、スタッフを育てて一人前にし（相手を勝たせる）、スタッフの家族に喜んでもらったり、より良いサービスを提供して、お客さまや広告代理店、美容メーカー、美容ディラー、その他シアターを支えてくださっている関係各社の皆さまに喜んでいただけるようになったりする（周囲の人も勝つ）、その結果、経営が軌道に乗る（自分も勝つ）というようなことです。

近江商人が商売に対する考え方の根幹とした「三方（相手・周囲・自分）良し」というこの考え方を、スタッフにもしばしば話し、自分自身にも言い聞かせています。

難易度はぐっと高くなりますが、そういう考え方を身に付けることで、人間力も思考能力も高まっていくのではないかと思うのです。

アシスタントをなくすための取り組み

僕のサロンでは将来的にアシスタントをなくしていきたいと思っています。アシスタント期間は普通、２年半から３年あります。早い人でも２年くらいはアシスタントのままです。

でも思ったのです。果たしてアシスタントをやりたくてやっている人はいるのかな？　と。誤解を恐れずに言えばアシスタント期間は我慢の時期です。

もちろんどんな仕事にも我慢は必要ですが、美容師がプレイヤーとしてお客さまから支持されて活躍できる期間を考えると、３年という期間は長いのではないかと思えるのです。

一般的に美容師としてお客さまに支持されやすいのは、40歳までといわれています。現役で美容学校を卒業して20歳。アシスタントを３年やったら23歳。そこからスタイリストになったとして、40歳まで17年しかありません。

大学を卒業した一般の会社員なら、22歳から60歳まで38年間あるのに、それよりも21年も短いわけです。

現役で働ける期間が短いからこそ（この点も改善していくべき点だとは思いますが）、だったら少しでも早くスタイリストに昇格させてあげて、経験値を高めてあげたい。

僕がこう考えるようになったのは、実業家・投資家の堀江貴文さん（通称ホリエモンさん）の〝寿司アカデミー発言〟がヒントになっています。

ホリエモンさんは寿司を握るまでに10年かけるなんてアホみたいだ、下積みを10年やって、10年と1日目から握れるようになった人間の11年目の寿司と、3カ月で握れるようになった寿司のうまさが、そんなに違うのか、というところに疑問を感じたそうです。

それを知って、僕は「美容師と寿司職人は似たところがある」と思って、美容師版「アカデミー」のシステムをつくり、半年でスタイリストデビューさせる仕組みを考案しました。

半年でスタイリストデビューが可能になる「アカデミー」とは

今、アシスタントがスタイリストになるために練習する時間は、週に2時間程度といわれています。1週間で2時間なので、1カ月で8時間。1年間で96時間しか練習する時間がないわけです。

3年かけても288時間にしかなりません。

しかも練習は店の営業時間前の朝か営業時間後の夜。ただでさえ疲れているのに、そこでまた気力と体力を振り絞るようにして練習をするわけですから、あまり効率が良いとはいえないのではないでしょうか。

アシスタントの側からすれば、「1週間に2時間しか練習ができない」ということになりますが、その練習に付き合って、教えなければならない先輩スタイリストにとっても、大きな負担になります。

経営者側からすると、働き方改革などの影響もあり、先輩スタイリストがアシスタントの練習に付き添って教える時間も就労時間扱いになってきているため、教える側のリソースの確保がしづらい状況になってきています。

では、経営者自身が教えられるか？　というと、それも難しいのが現実です。経営者は経営者でやることがたくさんあるので、アシスタントに教えるための時間は取れないというのが現状でしょう。

ここに、アシスタントがなかなかスタイリストになれない構造的な問題があります。

シアターではこの部分を大きく変えたいと思い、アカデミーのシステムをつくりました。

これはアシスタントに6カ月間、週3日の平日、9時から5時までみっちり技術を指導し、練習をさせて、スタイリストに昇格させるというシステムです。

1日8時間なので、週24時間。1カ月4週として96時間。6カ月で576時間となります。「1週間で2時間」を3年やったときの288時間に比べて、倍の練習時間が確保できます。

しかも、朝や夜の疲れている時間帯ではなく、人の頭と体が一番良い状態にあるときにしっかり練習できるわけですから、吸収力がアップして極めて効率もいいのです。

今までアシスタントが一人前になるのに3年かかっていたのを6カ月に集約して、お客さまの髪を切れるようになるまでに育て上げようというこのプロジェクトは、2018年4月に本格的に始めました。

そして、2018年10月に「1期生」がスタイリストとして店に立って活躍し始めたのです。

個々人の「得意」を共有する

特定のお客さまが付き始めて、歩合給でそれなりの収入が得られるようになると、自分の営業スタイルを人に知られたくない、自分だけのものにしておきたいと考える人も出てくるでしょう。

でも、それはとてももったいないことだと思います。

人にはそれぞれ得意分野があります。せっかくたくさんの美容師が集まっているのだから、お互いにコミュニケーションを取り合って、良いものを共有するという文化を創ることが大切なのではないでしょうか。

シアターではインスタグラムでの発信の仕方や、カラーのやり方などの技術面で、さまざまな情報を共有するシステムが出来上がっています。

教えられる側にとってメリットになるだけでなく、教える側にとっても、人に伝えたり教えたりすることを通じて、必ずなんらかの気付きが得られます。

また、教えられた側が工夫をして、よりブラッシュアップしたやり方を考案し、教えてくれた側にフィードバックすることだってあり得るのです。

もし根幹に「自分だけが良ければいい」という考えがあれば、成り立たないシステムではあります。

でもその壁を突破したとき、より多くのものが得られることを、当社のスタッフたちは知っています。

最終的に共有したことのすべてがお客さまのベネフィット（利益）となり、喜ばれることを思えば、「自分さえ良ければ」などという考えはなくなっていくのではないでしょうか。

自分自身が商品、という意識付けが大事

アカデミーを半年で終えて、スタイリストとしてデビューした段階が第1フェーズということになります。

第1フェーズでやるべきことは、自分の売り上げをどれだけ伸ばすかということです。

この段階のスタッフたちには、「まずは自己投資をたくさんしなさい」とよく言っています。自分のために時間やお金を使いなさい、と。これはアカデミーを卒業する前にも言っていることです。

きれいなものを見ることでも、おいしいものを食べることでも、本を読んで勉強することでも、なんでもいいと思うのです。とにかく自分の肥やしになりそうなことをどんどんやってみる。

触れる世界が多ければ多いほど、お客さまとの接点がつくりやすくなり、コミュニケーションもうまくいくようになります。

そして早くこの段階を卒業して、次の第2フェーズに進んでほしいと思っています。第2フェーズになると、自分の売り上げだけではなく「他の人の売り上げを伸ばす手伝いがどれだけできるか」が問われるようになります。

マネジメント能力をアップさせることはもちろん、人格も伴わなくてはなりません。

いずれにせよ、美容師の場合、自分自身が商品だ、という意識を持っていなければいけないと思います。

求められるのは美容師の技術力・人間力などを含めた総合的な力ということになります。

だからこそ、自分自身が商品であるという自覚が大事なのです。常に自分を磨いて、より良い商品であろうという努力を怠ってはいけないでしょう。

美容師自身のブランディングが必要

美容師というのは、技術力はもちろん、コミュニケーション力、人間力など、さまざまなものが求められる職業です。

職人でもあり、クリエイターやアーティストでもあり、接客のプロでもあるわけです。

先ほども触れましたが、技術だけでは通用しない部分があるのではないでしょうか。コンテストで1位を取ったとか、カット技術がずばぬけていて全国の美容師たちに教えているというほどの人なら、それだけで自己ブランディングができるかもしれませんが、自分でいくらうまいと思っていても、正直なところそれだけでは通用しない人がほとんどでしょう。

やはりプラスアルファの部分が必要で、お客さまが総合的に満足するポイントというものを押さえていかなければいけません。

つまりは接客のスキルをアップさせることが必須になってくるわけです。いくら技術が素晴らしくても、お客さま相手の仕事である以上、人の心の機微が分からないようでは通用しないでしょう。

人それぞれ自分の得意な部分を伸ばして、より良い接客につなげられるようにしていくといいのではないでしょうか。

それはお客さまとのトーク力なのかもしれませんし、お客さまに有益な情報をもたらしてあげられるような、情報収集力なのかもしれません。あるいは、話を聞いてほしいお客さまの要望にお応えできるような傾聴力なのかもしれません。

シアターでは毎週日曜日の夜にミーティングをしています。そのときに「お客さまから選ばれる自分をどうやったらつくれるか、分析して考えたほうがいい」という話をよくします。

広い視野と柔軟な頭、それに大きな心があれば、人は付いてくるんだよ、ということもよく話しています。

スタッフたちには、人格的にも優れたものを持ち、自分以外の人を引き上げることのできる力を持った人間になってほしいと心から思っているので、自分自身の人間力を磨くこと、相手を理解した上でのコミュニケーションの大切さを、伝え続けています。

目標を立て、自分を客観視しよう

自分のことは分かっているようで分からないものです。おそらく「こうなりたい自分」というフィルターがあって、それを通して自分を見てしまうからなのでしょう。

それに、自分自身を直視するのが単純に耐えられない、ということもあると思います。

ただ、そこを乗り越えていかないと、仕事で成功することは難しいだろうとも思うのです。

プロ野球でいえば、アメリカに渡り、今や大リーガーとなったロサンゼルス・エンゼルスの大谷翔平選手が、高校時代からマンダラートという手法を用いて自分を客観的に見つめ、目標管理に役立てていたというのは有名な話です。

マンダラートは、9個の小さなマスから成る9つの大きなマスを連結した作りになっています（次ページ図参照）。

真ん中の大きなマスの中心に最終目標を書き、その目標を達成するのに必要と思われる要素を周りに8個書いていきます。

そしてその8個の要素を、周りにある大きな8個のマスの中心に書き、それぞれの要素を満たす、あるいは達成するのに必要な要素を書いていくというものです。

マンダラート

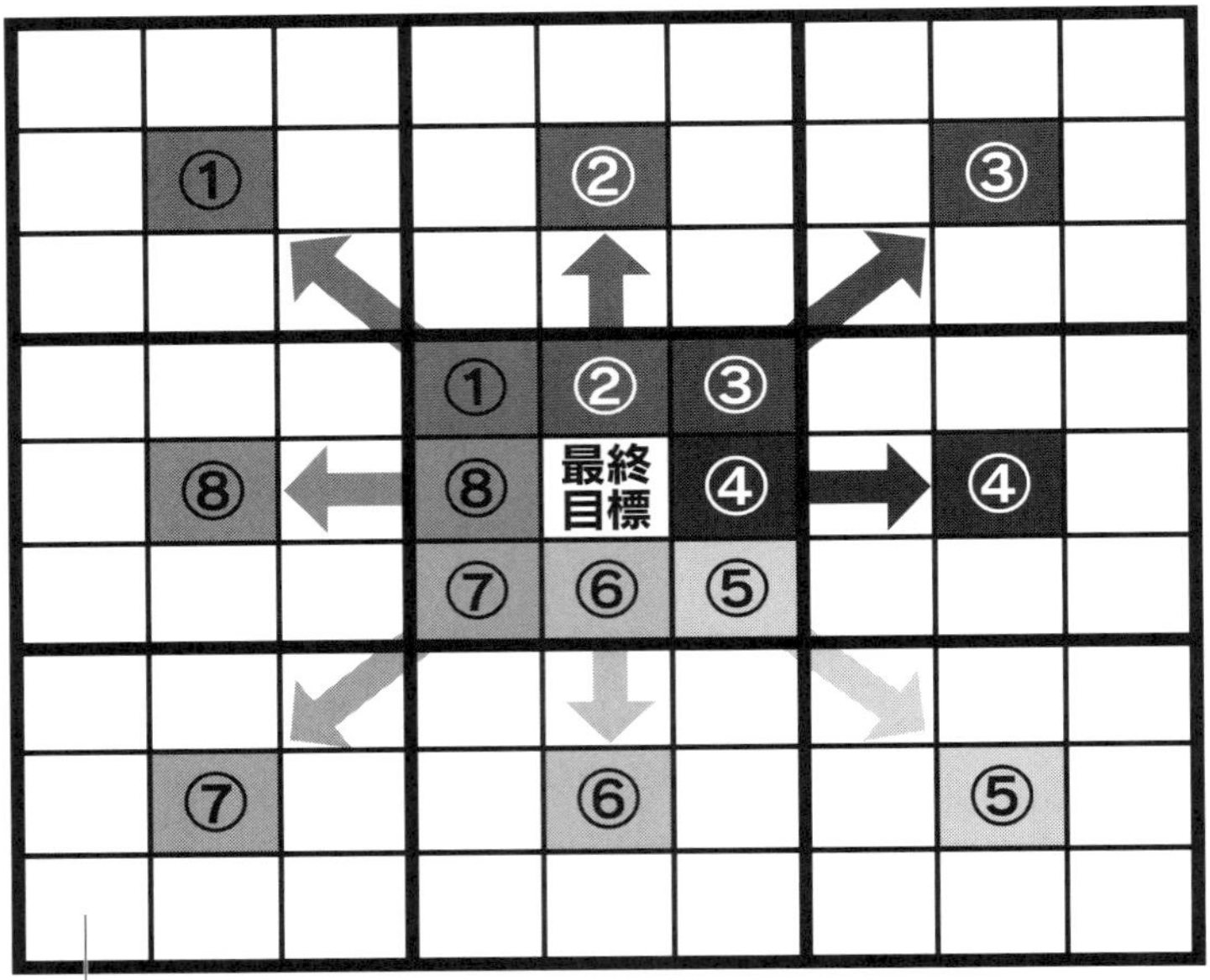

白いマスには中心の要素（①〜⑧）を満たすために必要なことを記入する。

＊「マンダラート」は今泉浩晃氏によって考案された発想法です。

これを書くことによって、自分が本当に成し遂げたいのは何なのかを考えるきっかけになり、さらにはそれを実現するのに、今、何をなすべきなのかを明確化するというものです。

最初は81個のマスを全部埋めるのは大変です。最初の核となる真ん中の9個のマスすら埋まらないこともあります。

でも、それはそれで構わないと思っています。最初から自分が何をしたいか分かっている人はそう多くありません。経験を重ねながら分かっていけばいいのだと思います。

客観視といえば、最近、能（伝統芸能の「能」のことです）には、「3つの目」という考え方があることを知りました。

まず「我見《がけん》」。これは舞台にいる自分からお客さまを見る視点。

次に「離見《りけん》」。お客さまから自分を見る視点。

そして最後が「離見の見《けん》」。我見・離見を俯瞰《ふかん》して全体を見る視点。

この3つの視点がそろって初めて、「本当のところ」が見えてくるというのです。自分がこう思うからこういうやり方をするというのが「我見」、相手がどうしてほしいかというのが「離見」ということになるでしょう。

これはおそらく、美容師であれば誰でも日常的に持っている視点だと思うのです。もう一歩進んで、全体を見渡せるようになるのが「離見の見」で、マネジャー的視点ということでしょう。

いずれにせよ、自分の感情にとらわれず、ありのままを見る客観的な視点は、ビジネス上だけでなく、自分の人生を自分らしく生きる上でも、とても大切なことです。

僕自身も常日頃から店の状況や自分自身のあり方を客観的に考えるようにしていますし、店のスタッフたちにもそうあってほしいと願っています。

目標達成能力の開発をサポートする

最近よく思うのが、目標を達成することと目標達成能力を持つことは別なのではないか、ということです。

目標を達成すればそれでいい、というものでもないことも分かってきました。

人間はともすれば目標を達成すること（＝目の前の仕事をこなすこと、とも言い換えられます）にばかり目がいき過ぎて、その目標を達成するために必要なこと（＝目標達成能力を鍛えること）をなおざりにしているのではないかと思うのです。

自己啓発の世界で有名な「木こりのジレンマ」という話があります。

概要はこうです。

あるところに仕事熱心な木こりがいた。あるとき、通りがかった旅人が木こりの様子を眺めていたが、夢中で仕事をしている割には、なかなか木が切れていない。

見ると、木こりの使っている斧《おの》は刃が欠けてボロボロな状態になっている。

旅人が見かねてこう言った。

「もっと斧の手入れをしたほうがいいのでは？」

それに対して木こりはこう答えた。

「仕事が忙しくてそんな時間はないよ」


木こりが多忙のあまり、商売道具の斧の手入れを怠るとは……という話です。

このエピソードが示唆しているのが、まさに「目標達成に追われて、目標達成能力の鍛錬を後回しにしてはいませんか？」ということなのだと思います。

美容師の例でいえば、若い美容師は集客のために外に出てお客さまハントに時間を割くことが多いでしょう。それはとても大事なことではありますが、そこにエネルギーを使い過ぎるあまり、練習時間が確保できなくなっては本末転倒です。

一方、マネジャークラスの場合、スタッフミーティングに時間を取られ過ぎる可能性があります。スタッフの抱えている課題克服のために、コミュニケーションを密にするのは良いことですが、そればかりやっているのはいかがなものかと思うのです。

自分の能力を開発する時間を大切にして、自分を高める努力をしていかないと、アウトプットする一方で、良いアドバイスもできなくなっていく可能性があります。目標達成と目標達成能力は車輪の両輪のようなものなのではないでしょうか。目標達成にばかり注力して、目標達成能力が置き去りにされていると、バランスを欠いてしまい、成長が遅くなってしまいます。

だから僕は店長クラスには、「自分の時間を持って、勉強に充てたり、良いものを見たり触れたり、『この人、すごいな!』と思える人に会ったりするように」とよく言っていますし、スタッフたちには店長を通じて「自分の価値を高めるために、練習時間をちゃんと確保するように」と言わせるようにしています。

スタッフたちが目の前の仕事にばかり追われていないか、ちゃんと自分の時間を確保して、自分を高める努力をしているかどうか様子をよく見ておくことが、経営者には求められるのではないかと思います。

自立心を養う

スタッフの自立心を養うというのも、経営者としてしなくてはならないことだと思っています。

それにはなんでもかんでもトップダウンで「やらせる」のではなく、自己裁量で動ける環境をつくることも大切なのではないでしょうか。

優秀な人ほど、押さえ付けられるのを嫌がるものです。オーナーの考え一辺倒で「あれをやれ」「これをやれ」「それはダメだ」とやってしまうと、モチベーションが下がっていきます。

スタッフのやりたいようにさせるのは、勇気のいることだと思います。

ただし、それには条件があります。会社の理念やビジョンをよく理解し、それに沿ったものであることです。

時には判断を間違えることもあるでしょうし、自分がその後始末をしなければならないことも出てくるでしょう。

でも、それを承知の上で、あえて「失敗させる」こともスタッフにとっては必要なのではないかと思うのです。

僕はたとえば店長クラスの人間が「こういうことをしたいです」と言ったとき、それが会社の理念やビジョンに沿ったものであれば、反対はしません。

「ああ、これ、失敗するな」と思っても、「こういう壁や落とし穴があるかもしれないよ」とアドバイスはしますが、実行させるようにしています。

店長たちは一生懸命やるのですが、やはり僕が思った通り失敗することも多いです。

でも、そこにすごく大きな成長の種があるから、僕は反対しないのです。

ポイントは、事前にちゃんと説明させて、自分がアドバイスをすること。任せっ放し、好きなようにさせっ放しにはしません。

ちゃんと「こういうリスクがあるかもしれない」と伝えておくことです。

そしてどこまで失敗させても大丈夫なのか、自分がどこまでリカバリできるのかを明確にしておくことも重要です。

その範囲内で失敗する経験をさせることで、彼らは物事がスムーズに行くだけでは得られない「なにものか」を得ることができます。自分自身の甘さや不足を認識して、必ず次につながるものになっていきます。

どうせ失敗するのであれば、その経験から最大の投資効果を引き出すような失敗をさせたいと思っているのです。

そうすることで物事を正確にジャッジして決定する力がつき、自立心が養われていくのではないでしょうか。

シアターでは副業も禁じてはいません。それが、本業のプラスになるのであれば、どんどんやってくれて構わないと思っています。

多様性を受け入れていくことで組織が変化し、それによっていい化学反応が起こって、予想もしなかったものが生まれてくる可能性があるからです。

求めてばかりはダメ

僕はよくスタッフに「自分にとって、どういう先輩が理想だと思う?」と尋ねます。するとたいていの場合「話をよく聞いてくれる先輩」「頭が柔軟で、自分の言ったことをよく理解してくれる先輩」「自分にとってプラスになる先輩」「自分のために動いてくれる先輩」などという答えが返ってきます。

いろいろ聞き出した後、「じゃあ、自分は後輩たちにとって、今言ったような理想の先輩になれていると思う?」と尋ねると……誰一人として「そうです」とは言いません。言いたくても言えないのです。

自分にとっての理想の先輩像はあっても、自分は後輩たちにとってそういう先輩にはなれていない。

人間にはそういうところがありますね。人、特に上の人に求めるものはすごく大きい。けれども、自分も後輩たちにその背中を見られていることには気付いていないのです。

「それなら自分の理想の先輩を、自分自身が演じてみなさい」と話すと、「なるほど。そういうことなんですね」と納得してくれます。

人に求めるものを他人にも分け与えるというのは、とてもシンプルで当たり前のことなのですが、それができていない人のほうがずっと多いと思います。

「もっとこうだったらいいのに」とか「どうして先輩は○○をしてくれないんだろう」とは思っても、「だったら、せめて自分だけは後輩たちにやれることをやってあげよう」とはならないのです。

最近、とても強くそのことを感じているので、そこを意識して行動するようになりました。僕のメンター、僕を導いてくれる人がいたとして、その人に僕が「してほしい」と思うようなことをするようにしています。

どういう会社だったらいいと思われるのか、どういう社長が理想なのか。スタッフたちから見たときに、「こういうトップだったら」「こういう会社だったら」と思いそうなことを、行動や言葉にすることを、意識的にやるようになりました。

求めたものが得られないからといって嘆くのではなく、自分が求めるものをまず人に与える……そうすることで後から自分に返ってくるのではないかと思っています。

当事者意識を持つ

今、シアターには150人以上のスタッフがいます。入社した時期がずれているので、年齢もまちまちで22歳の人もいれば28歳の人もいます。

年齢に関係なく、入社時点では、当事者意識をしっかり持っている人はあまり多くはありません。

だから僕は「すべてにおいて当事者意識を持ちなさい」と口を酸っぱくして言うようにしています。

当事者意識がないと、結局、責任を外に逃がしてしまうことになります。自分は悪くない、こうだったから、というような言い訳をしてしまうのです。

たとえば遅刻をしたとき。「電車が遅れたから」「雨が降っていたから」「財布を忘れて家に戻ったから」など、言い訳が先に出る人が多いです。

電車が遅れたり雨が降ったりしても、リカバリできるように早めの電車に乗るとか、財布を忘れないように、前の晩のうちに翌日持って出るものの準備をしておけば済む話です。

職業人たるもの、仕事に向かうときはそれくらいの覚悟や準備をしてしかるべき、と僕などは思ってしまうのですが、古いでしょうか。

職場の人間関係についても同じことがいえます。

一緒に働く仲間が自分のことを嫌っていると感じたことのある人は少なくないでしょう。たいていの場合、嫌われているわけではないのですが、そう感じてしまうのは「自分と属性が違うから」「あいつとは考え方が合わないから」という思いがあるからです。

人間ですからそう感じることもあるでしょう。でもそこで「だからあいつは俺のことが嫌いなんだ」と切り捨ててしまったらおしまいです。思考がストップしてしまいます。

そこで自分自身の成長が一気に止まってしまう。

そうではなく、相手の立場に立って考えてみるクセを付けてほしいのです。

自分の行動がおかしかったのかな、とか、自分の言動が相手を不愉快にさせてしまったのかな、というように「自分がその原因をつくり出しているかもしれない」という観点から、もう一度考えてみることが必要だと思います。

人は自分の思った通り、期待した通りには動いてくれません。

だとしたら、「思い通りにならない」「期待通りでない」と嘆いたりイライラしたりするよりは、自分自身を変えるほうがよほど手っ取り早く健全なのではないでしょうか。

そうやって相手が自分を嫌っているように見える原因に気が付いたら、もう「嫌われているかもしれない」という思いは捨てて、何事もなかったかのように振る舞いましょう。

そのほうがうじうじと考えているよりも、はるかに建設的です。

そのように一つ一つ習慣化していくことで、「〜だから」という言い訳が先に出るような考え方のクセを直していくことができると思うのです。

「〜だから」という考え方をしなくなったときが、すべてに当事者意識を持つことができるようになったとき、なのではないでしょうか。

当事者意識を持つことのできる人は、生産的な人です。言い訳をせず、「自分だったらどうするか」を念頭に置き、常に最善の選択をすることができます。

そういう人が多くなったら、世の中はもっと過ごしやすく良いものになっていくと思いませんか？

僕はまず、シアターからそういう人をたくさん生み出したいと思っています。

だから仕事中でも食事をしにいったときでも、こういう話はよくしています。マインドは言葉にすることで伝播《でんぱ》すると思っているので、できるだけ言葉にするようにしているのです。

「普通」はいらない

美容師には感覚派の人が多いですね。また、職人肌でもあります。

職人なので「厳しくしごかれるのは当たり前」という感覚を持っている人も少なくありません。自分もこうやってきたのだから、後輩たちも耐えるのが「普通」という感覚です。

実は僕は、この「普通」という言葉が性に合わないのです。屁《へ》理屈になってしまいますが、誰かが「それって普通だろ？」みたいなことを言いだすと、２００年前だったら馬に乗って生活するのが「普通」だった。「普通」が大事と言い張るのならば、今でも馬に乗っていなきゃ変じゃないか。だからお前の言う「普通」は通用しないんじゃないか？　と言いたくなってしまうのです。

自分が「普通」に縛られることを好まないので、シアターは常に革新的であってほしいと思っています。

そういうわけで、下の世代に自分の凝り固まった「普通」を押し付けてはいけない、と自重しています。

「これはこういう手順でなければならない」とか「何でこれを飛ばしてそれをやっているんだ」とか、「普通はこうだろう」みたいなことは言いたくないのです。

「普通」というあいまいな価値観に縛られているのが「普通脳」だとすると、僕がこうありたい、こうあるべきだと考えているのは「イノベーション脳」ということになると思います。

イノベーション脳であれば、経営も圧倒的にうまくなりますし、スタッフの教育もしっかりやれるでしょう。時代の流れをうまく捉えることができ、その流れに自分自身やスタッフをフィットさせることができます。

しかし「普通脳」でいると、そこから成長することができません。時代の変化や人の意識の変化、場所の変化に対応することができないのです。一言で言うと「終わってしまった古い人」になるということです。

そうなると人とうまくやっていくことができず、いずれは信用されなくなってしまうでしょう。もしかしたら「イヤな先輩」になってしまうかもしれません。

自分自身もそうならないように気を付けていますし、もしそうなりそうなスタッフがいたら話し合いの場をたくさん持って、少しずつ意識を変えていってもらえるように努めています。

「幸せゲーム」に参加するつもりで

自分の人生を充実させて幸せになるために、会社を思う存分使うようにとスタッフたちに話しています。

職場は人生の多くの時間を過ごす場所です。そこでの時間の使い方次第で、人生は大きく変わっていくと思うのです。

僕は、スタッフたちにはできるだけ職場にいるときの時間を楽しんでもらいたいですし、たくさんのことを吸収してもらいたいと思っています。

技術なりコミュニケーションスキルなりを向上させることができれば、まずそれはお客さまを喜ばせることになるでしょう。より多くのお客さまが付けば、スタッフ本人の給料が上がります。

人生、お金がすべてではありませんが、給料が増えることで本人の選択肢が広がります。より多くの自己投資ができるようになったり、自分や家族の生活の質を高めたりすることができ、満足度がアップするでしょう。

つまり、スタッフが会社を存分に使うことで、その人個人のみならず周りの人をも幸せにすることになるのです。それを僕は「幸せゲームへの参加」といっています。

そのための土台となるのが、スタッフに対する教育だと僕は思っているのです。

繰り返しになりますが、良い美容師になるためには、しっかりした技術はもちろん、優れたコミュニケーションスキルが欠かせません。

そうしたことがお客さまの満足度を高め、リピートにつながります。

その一番初めのところにある教育を、経営者である僕らがきちんとしていかなくてはいけないと、いつも自分に言い聞かせています。

第5章

会社はスタッフのためのもの

Staff

美容師は減り続けている！

美容師の数がどんどん減っているのを、皆さんもきっと感じていることと思います。２００５年度には美容学校の卒業生は約２万４０００人いました。ところが２０１７年度の卒業生はおよそ８０００人減の約１万６０００人です（＊「理美容ニュース」より）。

およそ6割近くに減ったことの原因のうち、最も大きいのは少子化でしょう。経営破綻する大学も出てきているくらいなので、18歳人口の減少が第一の理由になっていることは間違いありません。

しかも、その約１万６０００人の卒業生の中には、美容師以外の道を選ぶ人が少なくない現状があります。

美容師の資格を持ってまつげエクステやネイル、エステティックサロンなど、ヘアサロン以外のところに行ってしまったり、中には美容業界そのものから去ってしまったりしているのです。

このように美容師以外の選択肢が増えてきているのも、美容師人口が減っている原因の一つかもしれません。

いずれにせよ僕たち経営者は、その減り続ける美容師たちの中から、より良い人材を確保していかなければならない状況に立たされています。

今、ＡＩの開発が盛んに行われています。いずれ美容業界にもＡＩ化の波が押し寄せると思いますが、それでも人でないとできない部分は必ず残ります。

良い人材をどうやって採用して育て、辞めずに勤め続けてもらうにはどうしたらいいか、真剣に考えなければいけないときが来ているのではないでしょうか。

「自分の利益のための開業」はしない

美容師の数が減っていて、良い人材を採用するのが難しい今だからこそ、スタッフの幸せを一番に考えたシステムづくりをすることが求められていると感じています。

でも、もしかしたらそれはヘアサロンのみならず、すべての事業の経営者についていえることなのかもしれません。

一昔前の、まだ労働力人口が多かった時代なら、経営者の思い通りの経営ができたと思うのです。ちょっと言い方が悪くなってしまいますが、「自分がもうけるために事業を起こす」「自分が楽をするために人を使う」というやり方も、それが良いか悪いかは別として、比較的容易に成立したでしょう。

職を求める人が多い買い手市場の時代なら、多少労働条件が悪くても働きたいという人はたくさんいたと思います。

でも今はどうでしょうか。そんなことをしてしまったら、人手不足で圧倒的に売り手市場になっている今では、スタッフがどんどん辞めていってしまうでしょう。ましてや美容業界は、過去に経験したことのない人材不足に悩まされています。

「オーナーの利益が第一」という考え方は通用しなくなっていると思ったほうがいいのではないでしょうか。

そうなるとやはり雇われる側のことを考えて、できるだけスタッフが幸せになれるシステムを考えないといけません。

それはつまり、今から事業を始めるというスタート時の、何をしなければいけないのか、何のためにこの事業をやるのかというところで、「自分のため」が最初にきてしまってはいけないということです。それをやってしまうと、すべてが間違った方向に行ってしまうことになります。

「自分が豊かになるため」というのが第一になってしまうと、もうそこから逃れられなくなります。自分のためにスタッフに犠牲を強いるようになっていくでしょう。

もしかしたら、自分も「先が見えない不安」を感じたから独立開業したのかもしれないのに、それと同じことを無意識のうちに繰り返す可能性も高くなります。

でも結局、スタッフに出て行かれて困るのは自分なのです。

この悪循環を止めないと、業界全体がますます縮小していくことになるでしょう。

経営に関する本を読むことが多い僕は、本の影響もあって「会社は繁栄し続けるべき」だと思っています。

繁栄してどんどん大きくなっていくことによって、利益の蓄積がなされ、その利益をスタッフたちに給与やボーナスとして分配することができます。そしてその利益を次の店舗の開業資金に充てることで、さらなる発展が期待できます。

その「繁栄の仕組み」を作るための第一歩が、僕は「縁あって一緒に働くことになったスタッフたちを大切にすること」だと思うのです。

スタッフは「最初のお客さま」と思っている

事業というのは常にお客さまによってジャッジされ、選別されています。提供するサービスがお客さまの求めているものよりも質が高く、料金と見比べたときコストパフォーマンスが良ければ気に入ってもらえ、リピートの対象となります。

でも、サービスの質が低く、「割高」と感じられた時点で、もう二度とそのお客さまは来店してくださらないと考えたほうがいいでしょう。

そうやってお客さまは「静かに去って」いきます。学校の先生のように、「今学期はちょっと努力が足りなかったから、来学期はがんばろうね」などと、親切に忠告してはくれない存在なのです。

そしてまた、スタッフも同じように僕たち経営者のやり方をジャッジしていると思うのです。

「こんな安い給料で、休みもろくに取れないなんて、ワリに合わないな」「このオーナー、口ではすごく良いことを言っているけど、俺たちに対する処遇が一向に改善されないな」

おそらく彼らの多くは口には出さないでしょう。しかし彼らは常に経営者の言動、その一挙手一投足を見ており、労働条件についてもさまざまに思うところを抱えているのは間違いのない事実です。

経営者はともすれば、自分の側だけにジャッジする権利があり、自分の店で働く権利を「与えてやっている」という感覚に陥りがちなものです。

僕は決してそのことを非難しているわけではありません。

ただ、そのままの意識でいると、人材不足の今、いつか手痛い目に遭うのではないかと思うのです。

売り手市場で、働く側が働く場所の選択肢をたくさん与えられている今、「自分の店で働かせてやってもいい」とか「うちみたいなブランドを確立できている店で働かせてもらっているのに、なんで不満を持つんだ」「いつ辞めてもらってもいいんだぜ」といった発想は、やめにしたほうがいいのではないでしょうか。

スタッフのことはお客さまと同じように考えたほうがいいと、僕は思っています。お客さまに対しては、「この店に満足していただけるか」を第一に考えますよね。それと同じことを、スタッフにも当てはめたほうがいいのではないかと思うのです。

考えてみてください。店にとって誰が一番身近な存在でしょうか。1カ月に1回来店されるお客さまよりも、日々、自分の店で働いてくれるスタッフが最も身近な存在なのです。

その、一番近い存在の人たちを満たすこともできずに、お客さまの要望を満たすサービスは提供できないのではないでしょうか。

なぜならば、お客さまに接するのはスタッフなのです。そのスタッフたちが店に不満を持ちながら働いていたら、その感情はおのずからお客さまに伝わっていってしまうと思うのです。

不満をためて疲れた顔をした美容師の多いサロンよりも、スタッフみんなが満たされた、幸せそうな顔をしたサロンにお客さまは惹《ひ》かれ、そこで髪をカットしてもらうことで癒やしや安らぎ、満足感を得ていかれるのだと思います。


ちょっと極端に感じるかもしれませんが、僕はお客さまをお迎えするくらいの気持ちで、スタッフを迎え入れています。

働くスタッフたちに対して何をしてあげられるか、どうやったらこの人たちががんばって働いてくれるか、どうすればモチベーションを高く持って仕事に打ち込んでもらえるか……そのことを常に考えています。

スタッフが喜んでくれることを考え、スタッフにとってメリットになるものを提供してあげたいという思いはとても強いです。

収入や労働時間を含めたスタッフたちの労働条件をより良いものにして、安心して働ける労働環境をつくってあげたいと思うのです。

もっとも、労働条件を整えるのは必要条件にすぎないのであって、それだけをもって十分条件にはならないという現実もあります。

「心が通じ合っている」という前提がないと、ただお金をあげて環境を整備して「はい、これで条件は整ったでしょ？　がんばってね」と言ってもダメなのです。

スタッフたちのマインドに火を付けるというか、「一緒にがんばっていこう！」という気持ちを共有して、共にがんばってより良い店づくりをしていきたいと思ってもらえるようにしていかないと、うまくはいかないように思います。

そこは経営者の人間性に関わってくる部分なのかもしれません。

採用の条件

ありがたいことに、求人募集をするとたくさんの人が面接に来てくださいます。

採用に関しては「何人しか採用しない」という枠は決めていません。一緒にやっていけそうだな、と思ったら受け入れるというスタンスです。

何か突出しているものを持っていないと採用しない、ということもありません。

僕は教育が大事だと思っているので、面接に来たときにその人が持っている能力うんぬんよりも、「一生懸命がんばりたいです」「シアターで働くことで、自分の人生を変えたいです」というように意欲を見せてくれる人を採用したいのです。そういう人は教育によって大きく成長していきます。

採用のときは、当社の経営理念について話をします。

当社の理念は「貢献」なので、自分1人で仕事は成り立たないこと、お客さまや一緒に働く仲間、さらには美容メーカーさんなど、協力してくれる方々がいるから、仕事が成り立っているんだよ、という話は必ずするようにしています。

ですから、「仕事は人のためにするもの」という意識を持っている人に来てほしいのです。

当社の経営理念は自分のことだけを考えている人、自分さえ良ければと思っている人とは相いれないので、そういう人はどんなに技術力や売り上げを持っていたとしても採用はしません。

能力のある人が報われるように

何度もお話ししてきたように、僕たちは美容師の努力がもっともっと報われるようにしたいという思いで会社をつくりました。なるべくたくさんの美容師に働いてもらえる場にしたいというのが、僕たちの願いです。

しかし、それには「この店で働いてみたい」と思ってもらえることが前提になります。

そこでまず人は「どういう仕事のやり方をしたいのか」「どういうところで働きたいと思うのか」について考えてみました。

給与面で満足できること。やりがいが感じられる仕事。労働時間があまり長くなく、私生活も充実させられるような働き方。人間関係のストレスのない職場……。「自分だったらこんな店がいいな」という感覚を基準にして検討していきました。

中でも「これだけは絶対に実現させたい」と思っていたのが、能力がある人・やる気のある人・成果を出している人が報われるようなシステムづくりです。

具体的には、シアターでは歩合給の場合の本人の取り分を、50％近くにすることにしました（社会保険料込みの分配率です）。

最低保障額の制度も設けているので、指名売上の50％程度がその最低保証額を上回ると、歩合給に変更するようにしています。１００万円売り上げたら、本人の取り分は50万円程度になるので、みんながんばってよく働いてくれます。

実は今、スタイリストになって数カ月という若いスタッフの中から、毎月の給料が70～１００万円くらいの人たちが何人か出てきています。

経営者の給料アップは最後でいい

僕や店長たちよりも多く給料をもらっているスタイリストが、シアターにはたくさんいます。

平均年収５００万円以上がシアターの目標の一つなので、いかに若い人に稼がせてあげられるかを常々考えているのです。

他の会社の社長たちから「経営者の給料安過ぎだろ。もっと上げろよ」なんて言われることがよくあります。

税理士さんからも「もうちょっと給料を増やしたらどうですか」とも言われていますが、まずはスタッフたちのベースをしっかりつくることが大事だと思っているのです。

それにはまず、待遇をできる限り良くして、基盤を固めたいと思っています。働いてくれる人がいてこその店ですから。

喜んで働いてくれる人を増やし、店舗展開を進めていって、よりいっそうの利益を上げたいのです。上がった利益を、今は全部、スタッフへの還元と投資に回しています。

そういうところから広がっていけば、最終的には経営者の給料を増やすことができるようになっていくでしょう。

それまでは経営者の給料アップはお預けでいいかな、というのが正直なところです。

まずは現場でがんばってくれている人たちが「ああ、一生懸命やって良かった」

と思ってくれることが大事だと思っています。

前線でお客さまとじかに接しているスタッフが最も満たされるべき、という思いが、僕の中にはあるのかもしれません。

また、日頃から「後輩を大事にしろ」「若手に自分が持っているものを与えろ」などと言っているのに、トップが自分たちのお金を最初に確保してしまったら、「言っていることとやっていることが違う」という話になりますよね。

そういうことはしてはいけないと思っています。

人の成長に手を貸す文化が生まれてきている

「自分は最後でいい」なんて言うと、ちょっとかっこつけ過ぎと思われるかもしれません。

でも、実はこのようにすることでシステムがうまく機能して、最終的に回り回って自分自身の利益にもなるのです。

結構その辺りを戦略的に考えてやっている部分もあるので、良い人ではなくビジネス脳なのだと思います。

前述のように、今、意欲的に仕事に取り組んでお客さまから支持されているスタッフには、歩合給としてリターンを大きくするというシステムを取り入れており、その結果、彼ら・彼女らの給料は経営者である僕たちよりも多くなってきているという現実があります。これは２０１８年に入社したばかりのスタッフでも例外ではありません。

このことが、スタッフたちに変化をもたらしているのです。

手前味噌になってしまいますが、「ここまでしてもらえるとは」という気持ちを持ってもらえているようなのです。

人は誰かから良くしてもらったときすごく幸せな気持ちになりますよね。すると自分がしてもらったことを、他の誰かにしてあげたくなります。

それと同じことが社内で起こり始めているのです。最近では、各店舗の店長の「若い子を育てたい意欲」がものすごく強くなってきているのを感じます。

自分の売り上げが下がってでもいいから、若いスタッフにお客さまを付けてやりたい、経験を積ませてやりたい、と思っているのがよく分かるのです。

シアターの中でそういう文化が育ってきているのは、本当にうれしいことです。

これを踏まえて、またシステムを変えていくことを検討し始めました。自分のことを後回しにしてまで、若いスタッフたちのためにがんばってくれている店長の給料が、そのことによって少なくなってしまう、というのは不合理だと思うからです。

ですから店長個人の売り上げに対する歩合給ではなく、店の売り上げに対しての歩合給にするなど、店長自身の努力や意欲、成果といったものをちゃんと給料に反映する仕組みを作らなくてはならないと思っているのです。

「未来を見せてあげる」文化を創りたい

人間が生きていくには、「未来が明るく感じられること」が大切なのだと思います。お先真っ暗となったら、意欲はなくなってしまいますし、何のために生きているのか分からなくなってしまいますよね。

仕事も人生と同じです。生活の糧を得るために、明るい未来がちっとも見えない中、来る日も来る日も切ない思いをするなんて悲し過ぎます。

「衣食足りて礼節を知る」という言葉がありますが、昔の人は本当に良いことを言うなあと思います。自分自身が満たされていないと、人に優しくはなれないですし、美容師という職業でいえば、お客さまに良いサービスを提供することはできないのではないかと思うのです。

今、急ピッチで店舗展開を進めていますが、それは自分に付いてきてくれているスタッフたちに未来を見せてあげたいからに他なりません。

店舗が増えればポストを増やすことができます。すると実力とマネジャーとしての心構えのある人を店長にすることができます。店長になれば自分の裁量でやれることが増えるので、よりいっそうやりがいを感じることができるでしょう。

店舗が増えるということは、シアターの文化がどんどん広がっていくということでもあります。

自分が学んだことを、自分に続く人たちにきちんと伝えていってほしいのです。根本に「自分の売り上げだけが高ければいい」という気持ちがあるうちは、まだまだです。多少、若い人たちの面倒は見ていても、それだけでは店を任せるわけにはいきません。

自分の肩に彼らの人生がかかっている、くらいの気持ちが欲しいのです。「こいつを絶対に幸せにしてやるぞ」という覚悟を持ってほしいと思っています。

それくらいの気持ちがないと、若い人たちに明るい未来を見せてあげることができないのではないかと思うのです。「この人に付いていきたい！」と思わせるようなものを、上に立つ人たちにはぜひ持っていてほしいですね。

若い人たちの教育を任せても大丈夫、と思える人は店長として引き上げ、店舗を任せていくという仕組みを定着させたい。だから今がそのための土台づくりの期間、がんばり時だというのは常に思っています。

スタッフの自己実現を叶える

シアターでは「スタッフの自己実現を叶《かな》える」ということを目標に立てています。自己実現の内容は、人それぞれです。たくさんお金を稼ぎたいという人もいれば、ゆとりの時間をたくさん持って趣味に充てたいとか、家族とゆっくり過ごす時間が欲しいという人もいます。

それぞれのスタッフが自分の人生をどのようにデザインして、何に重きを置いて生きていきたいと思っているのかを理解し、それを実現できるようプロデュースしてあげられたらと思っています。

だから、独立したいという人がいたら、それが可能になるようできる限りのことをして、惜しみなくスタッフの未来を応援したいのです。

その人に合った教育方法で経営者になるための資質を磨いたり、独立するためのノウハウを伝授したり……いずれ人を雇って教育する側に立つとき、スタッフの教育法など自分が身に付けたことはすべて教えてあげたいのです。

「こうしなくちゃダメ」とか「辞めるなんて勝手なことを言うな」などと押さえ付けるだけでは、何も新しいものは生まれてきません。依存し合う関係は不毛だな、と僕は思っているのです。

それよりもお互いに自立した者同士として向かい合おうよ、ということです。面接のときに、まずそのような話をして「自立」について意識させ、入社してからも折に触れて自立を促すような会話をするように心掛けています。

不意打ちのように僕から「将来、どうなりたいか」「そのために今、どうすべきか」などツッコミが入るので、スタッフはもしかしたら戦々恐々としているかもしれません。

でも繰り返すうちに、「未来の自分像」が明確になっていくのが手に取るように分かってきます。そんなときは喜びを感じます。

ツッコミを入れられることで、目的意識や目標に対しての解像度がどんどん高まっていくようです。

最近では、「僕は○年後に○○になっていたいので、今、意識的にこういう時間の使い方をしています」など、とても具体的な答えが返ってくるようになりました。

最初はぼーっとしていた子たちが、明確な目標を持ち、それに向かって努力する姿を見られるのは、本当にうれしいものです。

いろいろなスタッフがいて当たり前

シアターの目標の1つは「1万人の雇用を創り出すこと」です。1万人の中には、いろいろな人がいて当然ですよね。

1万人の全員が、丈夫な体と強い意思を持ち、どんな業務にも耐えられる、というのはあり得ないのではないかと僕は思うのです。

1万人集まったら、健康状態が万全でない人がいてもおかしくありません。病弱というのは、「健康」という観点から見るとウィークポイントになるかもしれませんが、それ以外の部分で、その人ならではの強みを持っていればなんら問題はありません。

その強みを生かして、シアターで働いてもらえたらいいなと思っています。

適材適所があると思っているので、それぞれの持ち場で最大限の力を発揮してもらえれば、その人にとっても僕たちにとっても良い形になると信じているのです。

出産後も働き続けてほしい

女性のスタッフの場合、出産・育児といったライフイベントが入ることがあるので、現場を離れざるを得ないことがしばしばあります。

彼女らが一時的に店に出なくなった間も、引き継ぎがきちんとなされていてお客さまが残ってくださり、復帰したときにまた担当できるというのがベストな形です。

しかし復帰はできても、出産前と同じように働くことは難しいのが実情です。そのときにお客さまにご不便を感じさせてしまう可能性は否定できません。

また、美容師という職業柄、ブランクがあると技術的に追い付けなくなることもあり得ます。

そうした問題を解決する仕組みを、今、考えているところです。

具体的には、ハサミを握らなくても彼女らが利益を上げられるようなステージを用意してあげたいと思っているのです。

労働時間が短くなって以前ほど売り上げが上がらなくなったり、極端な話、出産前のお客さまが離れていったりした場合でも、別の形で売り上げをつくることができて、ちゃんと職場に戻ってこられるような環境づくりをしていきたいと思い、今、その実現に向けて動いているところです。

スタッフの悩みを解決してあげる

スタッフの様子には気を配るようにしています。

「悩みがあったらなんでも相談してほしい」と常日頃から言うようにはしていま

すが、そうはいっても「こんなことで時間を取らせていいのだろうか」と遠慮していることも多いからです。

悩むこと自体は、僕は悪いことだとは思っていません。人が成長に向かうベクトルの中で、自然に背負ってしまう「錘《おもり》」のようなものが悩みなのではないでしょうか。

しかし当然のことですが、できれば錘は背負わないほうがいいのです。身軽なほうがずっと早く動けますし、本人にも爽快感があるでしょう。

だから悩んでいそうな部下に対して、上司はその錘を取ってあげなくてはいけません。

僕はまず、本人に錘の存在を認識させるようにしています。本人が「悩み」として認識しないまま、考え込んでしまっていることがしばしばあるからです。

悩みの原因は、収入や休日の少なさ、やりがいが感じられない、人間関係のトラブル、健康上の問題など、人によってさまざまあると思います。

本人の話にじっくりと耳を傾け、一緒に解決する方法を考えます。

そして、悩んでいること自体が、成長の証しだと話すようにしています。

多くの場合、悩みはネガティブなものとして受け止められているけれども、決してそうではないこと、自分の悩みをしっかり認識して受け入れることで、成長の種にもなるのだ、と。

悩みのない人には、他人の心の中の苦しみや悲しみも理解できないでしょう。そしてそれは、「成長」という果実を受け取れないことでもあります。

悩んで苦しみ、考えることで人間としての深みが増して度量が大きくなり、愛情深くなっていくものだと思うのです。

スタッフたちには、たくさん悩んで、大いに成長していってほしいと思っているのです。

スタッフが辞めていくとき

美容師の離職率は高く、入ってきた人の半分以上が1年以内にいなくなるというのが通説になっています。

シアターは現在のところ、離職率が極端に低いといわれていますが、それでもゼロではありません。

辞めていく理由はさまざまですが、もうちょっと自分に何かできたのではないかと考えさせられますし、店長たちにも考えさせています。

辞めていった人たちだけのせいにはしたくないのです。

仮に辞めていった人に原因があったとしても、１００％そのせいにするのではなく、「辞めるに至った」という事実から、何か一つでも自分たちの至らなかった点を探し出して、成長の種にしてほしいと思っているのです。

たとえば、美容師という仕事の楽しさを教えてあげるとか、「付いていけない」と感じているのならば練習時間を増やしてあげるとか、せっかく縁があって一緒に働くことになったのだから、できるだけ長く続けていけるような配慮が必要だったと思うのです。

スタッフが辞めるとき、「根性がない」とか「最近の若い子はすぐに逃げることばかり考える」などと言う人が多いと思います。

確かに本人にも原因はありますが、それを言っても何も生まれてこないですし、生産的ではないと僕は感じてしまうのです。

仮に本人に良くないところが10個も20個もあったとしても、本人だけのせいでない部分も必ずあると思うからです。

こちらに責任がある、という視点で考え、次に同じように「辞めたい」というスタッフが出てきたとき、何をしてあげれば働き続けられるかを模索することが、自分自身の成長につながるのではないでしょうか。

独立したいスタッフをサポートする

「いずれは自分の店を持って独立したい」という気持ちは、美容師なら誰もが持っていることでしょう。僕自身もそうだったのでよく分かります。

独立したいというスタッフのことは、全力で応援したいと思っていますが、なぜ独立したいかの動機は明確にしてもらいます。

「何のために独立して店を持ちたいのか」が重要だと思っているからです。シアターの劣化版をつくるのが目的だったら、僕は賛成しません。

このシアターと、その人が新しくつくる店に、それぞれ新しいスタッフが入ったとき、シアターに入ったスタッフよりも、その人の店のスタッフのほうが、より豊かになれるような環境をつくれること……それが大事だと思っているからです。

自分で店を持つということは、スタッフを雇って、そのスタッフをより幸せにし、どんどん成長させてチャンスも与えなければならないということです。納得のいく給料を払うために、多くのお客さまに来ていただく努力やそのお客さま方に満足していただく努力もしなくてはなりません。

そういうことをちゃんと考えているのか？　と問いを突き付けるわけです。独立したい、という気持ちをつぶそうとしているのではありません。そうしたことに対して、ちゃんと答えられるような心構え、準備をしておかないと、必ず失敗すると思うからです。

究極の問いは「独立したい理由は、トップオブトップになりたいだけなんじゃないのか？　誰にも邪魔されないで自由にやりたいから、自分の店をつくりたいんじゃないのか？」です。

こう尋ねると、結構みんな何も言えなくなってしまうのです。

だからまず、そこを考えなさいと話しています。

シアターでできないことがあって、独立して自分でやることでそれができるという確信があるのならば、手助けは惜しみません。

そのためには自分自身の武器となるものが必要です。

まだその武器を持っていないのならば、結局、シアターの劣化版をつくることになるだけなので、時期尚早ということになるでしょう。

これからどんどん独立させられるレベルの人材が出てくると思うので、そういう人たちをサポートする仕組みを何種類か作りたいと考えています。

一つは社内独立というシステムです。独立したい人が、シアターの支店として店をつくっていくようなシステムです。

具体的には今の店長たちの次のステップとして、自分たちの店を持たせてあげたいと思っています。

その仕組みなら、シアターの求人募集に応募してきた人にそこで働いてもらうこともできます。求人、集客、教育などすべてをシアターと同じようにできるというメリットがあります。

あるいは既存店をそのまま譲渡するという方法があってもいいと思います。

独立を希望する人がどうしたいのか、それに対して会社は何ができるのかを擦り合わせて、ベストな形にしたいのです。

完全独立でゼロからのスタートとなると、時間がかかってしまいます。

労務や法務などの細かいところをシアターでやってあげることで時間が短縮でき、集客や求人、さらには目の前のお客さまに集中することができるでしょう。バックオフィスでやるべきことを、シアターでやってあげるイメージです。

独立を目指しつつも会社と良い関係を築き、会社のリソースを使いながら新しいチャレンジをしてもらえればいいなと思っています。

独立するスタッフと敵対関係にだけはなりたくありません。

僕はスタッフのことを、自分の家族という目線と、お客さまという目線、２つの目線で見ています。

近しい存在なので、絶対に幸せになってもらわなくては困るのです。

だからスタッフの独立は、僕には「勝負」でもあります。

彼らには、シアターを出て完全に独立するという未来と、シアターに残って社内独立するという未来の2つがあります。どちらがより彼らにとって幸せなのか、という勝負をしているつもりでいるのです。

もちろん、内心では「シアターに残ったほうが絶対に幸せだから！」と思っています。そして、必ずそうなるようにしていかなくてはいけないとも思っています。

最終的にスタッフを独立させて、より大きな幸福感と豊かさを味わってほしいのです。そこに向けて努力することが、目下の僕の、大きな張り合いとなっています。

おわりに

これからの美容師はどうあるべきなのか、どんな可能性があるのか……そんなことをよく考えます。

少なくとも、髪を切れるだけの美容師は、目まぐるしく変化していく時代の波に取り残され、生き残っていくのが難しいだろうと思うのです。

単に生き残っていくだけでなく、人間的にも経済的にも豊かでありながら生き残っていくのが、僕の願いです。ではどうしたらそれが可能になるのでしょうか？

美容師はお客さまと直接触れ合うことの多い職業です。会話を通じて、そのお客さまのライフスタイルや好みなど、さまざまな情報を得ることができます。

また、おしゃれなものが好きで、人に見せたい、発信したいという欲求を持っている美容師も多いです。

「お客さまと触れ合うことが多い」「発信が得意」という2つの要素を掛け合わせることで、マネタイズ（収益化）が可能なのではないかと僕は思うのです。

たとえば、やせたい願望が強いお客さまや、疲労回復までに時間がかかって困っているお客さまがいたとしましょう。

ヘアサロンがサプリメントを提供する会社とタイアップすれば、こんなことが起こるようになる可能性があります。

お客さまとの会話の中で、美容師の側から、

「今年に入ってすごく太って困っていたんだけど、このサプリを飲んだら自然にやせたんだよね」

「最近、疲れやすかったんだけど、食事方法を変えてこのサプリを飲み始めたらすごく調子が良くなったんだよ」

など、そのお客さまが求めていそうな情報を提供できるようになるのです。

こうした情報発信は、ＳＮＳを通じて行うこともできます。

フォロワー数の多い美容師が発信すれば、影響力はかなりのものになるのではないでしょうか。

髪に関することだけでなく、例に挙げたサプリメントでも化粧品でもいいのです。人気のある美容師が発信することで情報の信頼性が高まり、購買につながるのではないかと思うのです。


僕が考えている未来の美容師像は「美容コンシェルジュ」に近いものです。

髪を切るだけじゃなくて、肌に関する悩みや、ダイエット、ヘルス面など、多方面にわたる情報を持ち、お客さまのニーズに合わせてコーディネートしてあげられるようになる。そうすればそこに価値が生まれて、マネタイズができるのではないでしょうか。

美容師の収入が低いのには、理由があると僕は思っています。要するに1時間で稼げる金額が多くないからなのです。

もしお客さまから1時間当たり10万円、20万円をカット&カラーでいただくことができれば、美容師も医師のように豊かになることができます。

でもそれは、現段階では難しい。

だったら、美容師の仕事のやり方にイノベーションを起こし、もっと価値を高めていきたい。

そうすることでシアターのスタッフたちだけでなく、日本の美容師全体の未来も変わっていくのではないかと思うのです。

そして、全国の美容師仲間の一人一人が、美容業界をもっとより良いものにするために、自分が今、何ができるかを考え、自分のできることを実践したり、発信したりするようになっていくことを、心から願っています。

美容師仲間がもっともっと豊かに、幸せになり、美容業界がますます発展していくことを願ってやみません。

最後までお読みいただき、ありがとうございました。

謝辞

今回出版の機会をいただきました合同フォレストの山中洋二さま、編集担当の山崎絵里子さま、書籍コーディネーターの小山睦男さま、編集に協力していただいた堀容優子さま。

僕がいつも全力で仕事に取り組めるよう支えてくれる共同代表の佐々木、大井、陳田、僕の理想を必死に具現化しようと努力してくれている幹部ならびにすべてのスタッフ、THEATERグループを支えてくださっている関係各社の皆さま、そしてTHEATERグループのすべてのお客さま。

執筆を含めすべての時間を仕事に充てることを心から理解し、応援してくれるパートナーの華菜。

そして子どもの頃から僕のやりたいことを否定せず、自由に育ててくれた家族。今の僕があるのは、そして僕ががんばれるのは、父・健二と母・ゆう子、兄弟、親族含め家族みんなのおかげです。僕はこれからも両親が誇れる息子で在り続けられるように、意識して生きていきたいと思っています。

これまで関わったすべての皆さまのおかげで、刊行に至ることができました。

心から感謝申し上げます。

THEATER　代表取締役

三浦　丈英

●著者プロフィール

三浦 丈英（みうら・たけひで）

TEATER 代表取締役

1984年生まれ。北海道函館市出身。

高校を1年で中退し、15歳から地元函館市のヘアサロンで勤務。働きながら通信課程で美容師免許を取得し、20歳で上京。

東京・表参道のヘアサロンで約10年勤めた後、2016年9月表参道に美容師仲間3人と共にTHEATERを設立。設立後6カ月で横浜と埼玉に立て続けに出店し、その後も都内を中心に出店を拡大。

2019年4月現在、設立から2年半で8店舗を展開し、スタッフの数は150名を超える。

「人を大切にする理念教育」「アカデミー制度」「2交代制労働」「経営者を超える給与システム」「成果主義」など、独自の労働・教育システムを展開しながら今後の雇用の創出、出店をさらに加速させるべく奮闘中。

■ ***THEATER***

http://hairmake-theater.com/

書籍コーディネート　有限会社インプルーブ　小山　睦男
編集協力　堀　容優子
組　版　GALLAP
装　幀　華本　達哉（aozora.tv）
校　正　春田　薫

ヘアサロン経営プロジェクト
――スタッフの夢をデザインする組織づくり

2019年6月10日　第1刷発行

著　者　三浦　丈英
発行者　山中　洋二
発　行　合同フォレスト株式会社
郵便番号 101-0051
東京都千代田区神田神保町 1-44
電話 03（3291）5200　FAX 03（3294）3509
振替 00170-4-324578
ホームページ http://www.godo-shuppan.co.jp/forest
発　売　合同出版株式会社
郵便番号 101-0051
東京都千代田区神田神保町 1-44
電話 03（3294）3506　FAX 03（3294）3509
印刷・製本　株式会社シナノ

■落丁・乱丁の際はお取り換えいたします。

ISBN 978-4-7726-6130-0　NDC 336　188×130